HAO Nühai
hui SHIHUAI

好女孩会使“坏”

好女孩会使“坏”，坏女孩有糖吃。

北京航空航天大学出版社
BEIHANG UNIVERSITY PRESS

图书在版编目（CIP）数据

好女孩会使“坏”/曾小亮著．-- 北京：北京航空航天大学出版社，2012.11

ISBN 978-7-5124-0994-1

Ⅰ．①好… Ⅱ．①曾… Ⅲ．①恋爱－通俗读物 Ⅳ．①C913.1-49

中国版本图书馆 CIP 数据核字（2012）第 253625 号

好女孩会使“坏”

曾小亮　著

责任编辑　胡性慧

*

北京航空航天大学出版社出版发行

北京市海淀区学院路 37 号（邮编 100191）　http://www.buaapress.com.cn

发行部电话：（010）82317024　传真：（010）82328026

读者信箱：bhpress@263.net　邮购电话：（010）82316936

涿州市新华印刷有限公司印装　　各地书店经销

*

开本：700×960　1/16　印张：15.25　字数：249 千字

2012 年 11 月第 1 版　2012 年 11 月第 1 次印刷

ISBN 978-7-5124-0994-1　定价：30.00 元

自序：写给你的亲密箴言

亲爱的女孩：

今夜让我们谈谈性。

你是不是对性羞于启齿？或者，你是不是像《欲望都市》中的萨曼莎一样，追求性前卫？或者，你是不是经常为性迷茫？

我们生活在一个怎样的时代？

好像一夜之间，性无处不在。中国式性革命正在暗流里涌动，很多眼花缭乱的性事物层出不穷：一夜情，多夜情，多性伴，未婚先孕，单亲妈妈……性刚刚从20世纪的神秘面纱中走出来，又迅速陷入汪洋大海的性泛滥中。

面对这个让人眼花缭乱的世界，亲爱的女孩，如何能拥有健康，自然，和谐，美好的性？如何保有属于女性的正确的性？

那么，今夜让我们谈谈性。

我们要谈谈女性主义和性。

它是一面飘扬的旗帜，让你从女性的本位去探索自己的身心。是的，我们这个世界，以前的性观念本质是男性的声音，比如认为女人不该主动，谈性的女孩不是好女孩，女人不能将性与爱分开，等等。在一个男性声音笼罩的性世界里，你是否曾经对自己的身体变化感到恐慌？你是否认为没有高潮时，全是自己的错？你是否觉得要一味压抑自己的性欲望？你是否觉得一旦爱上一个人，就要无条件地交出自己？

女性主义的旗帜，让你正视自己的欲望，正视女人的身体感受，正视女人在性上的自主权等。当一个女人从女性的角度出发，会发现性的世界充满了一些荒谬，但也会重新拥有真正属于自己的欢乐。

我们要谈谈性的重要性。

除了看到那么多的婚姻因为不和谐而破碎以外，还要看到夫妻生活中其实有很多矛盾来自于性不和谐。性压抑有其伪藏的方式，你不会告诉他：我是因为没有满足而和你吵架，但有可能某一件家庭琐事导致的纠纷背后，是性压抑的内在不满的反映。

你是不是日渐苍老？

你是不是没有风情？

你是不是爱抱怨？看什么都不顺眼？

……如果有以上这些，很可能因为你没有重视性，没有得到性欢乐。当一个人得到性欢乐，他会对这个世界充满了热爱和礼赞。

我们要谈谈你和男性相处的性规则。

性不是讨好一个男人的手段，也不是得到爱情的利器。如果想通过性来拴住一个男人，那么往往适得其反。你在性爱中本真绽放比委曲求全更让他喜欢。

你在和他的性爱中要懂得保护自己。性革命不是让一个女人轻易和男人上床的压力，更不是放纵的借口和背景，女人有其自己的性脆弱，所以，健康比性乐更重要——这是一条性的金科玉律。

要克制自己的性激情。看过《爱的风暴》这部电影吗？当一个女孩遭遇了性，在她心目中掀起了怎样的爱的风暴？看过《一封陌生女人的来信》吗？一个男人的一夜，一个女人的一生。看过《色·戒》吗？一个女人在性的激情中怎样走向不归路？看过《感官世界》吗？一个女人怎样在性激情中毁灭自己？

男人女人一样，都容易在深刻的性激情中迷失自我，而女人尤甚。当你内心遭遇了性的激情风暴，就像《罗丹的情人》中，艾米尔所说：为何让我遇见你？我从此要在疯人院中度过一生。

是的，性激情有可能让你窥见天堂，但也有可能让你坠入地狱。多少男欢女爱最后变成了痛苦和悲剧，其实都来源于激情的泛滥成灾。

还是让我们记住某位哲人的话：我更喜欢那种带着淡淡忧伤，愉悦的，平静的生活，而不是疯狂的激情，有时它会毁灭一个人。

所以，亲爱的女孩，请在追求性激情时，保持一种警惕：你能承受它之重吗？

我们要谈谈性和谐的必由之路。

性，需要学习吗？

回答显然是肯定的。一个人不是无师自通，一定是在学习中才能成长。这种学习不是让你阅人无数，而是让你和他，就像一对最佳的羽毛球双打选手一样，通过无数次磨合找到最佳感觉。

需要学习的地方有很多：

比如，了解男人心，了解男人的性方式，性心理，性习惯等；

比如，了解必备的性技巧，了解前戏，了解家居，环境布置，懂得浪漫创意学等；

比如，了解基本的性禁忌，了解一个人漫长一生中的各个年龄阶段的性变化等；

比如，了解健康性知识，了解我们怎样从青春的勃发走向老年的绚烂；

……

亲爱的女孩，今夜，我们要谈的还有很多。

性像一个巨大的迷宫，我们从出生的第一天起，就情不自禁地被吸引而去。有多少人走不出来，有多少人在其中迷了路。

我们通过性来构建一个人和另一个陌生人的关系，然后通过性来映照自我。

我们通过性来对抗社会的异化，来反抗平庸的生活，让人生的荒原上，因为男欢女爱而闪闪发光。

我们通过性来寻找真理，来触摸天堂，来走向爱的修行路。

我们通过性来连接爱，又通过爱来完善性。

我们通过性来收获欢乐，也通过性来体验巨大的痛苦。

我们走在漫长的时代的风雨路上，时代正在急速地变迁，我们眼花缭乱，目不暇接。几十年前，列侬说：要做爱，不要战争。所有时代的人们都发现，无论我们经历怎样的外在生活，显然我们要不断从喧嚣中回到我们的身体，通过身体来寻找在变化时代中的生存之本。

这是唯一的救赎之道吗?

答案就在风中飘荡，每一个人会给出自己的人生回答。

今夜，我祝愿所有的女孩性福。

目录

第*1*计
亲密进入她时代

第*2*计
打造六种性爱风范

第3计

读懂男人心

第4计

做好亲密规划

第5计

健康你的性心理

第6计

护卫你的性健康

第7计

平衡你们的性差异

第8计

那些性模范夫妻总结

第 *1* 计

亲密进入她时代

从1911年辛亥革命到现在，中国女性走过了一百年的解放道路。这一百年里，不仅是社会生活发生了翻天覆地的变化，女人们的两性生活同样发生了翻天覆地的变化。从性观念的开放到性安全的保障以及性快感和性权利等诸多方面，这一百年都是值得我们回首的时光。

一．中国女性解放100周年记

——女性性生活10大改变

从1911年辛亥革命到现在，中国女性走过了一百年的解放道路。这一百年里，不仅是社会生活发生了翻天覆地的变化，女人们的两性生活同样发生了翻天覆地的变化。从性观念的开放到性安全的保障以及性快感和性权利等诸多方面，这一百年都是值得我们回首的时光

1 女人的性态度

著名学者王溢嘉曾经对于"小脚"的性含义有这样一种解释，他说："脚原来是用来支撑身体的，当脚变小后，为了支撑身体，人腿及阴部的肌肉都会因而更加紧缩。"研究中国民俗的日本学者永尾龙造说："缠足的女人在性交时，其阴部之肌肉较紧，予人如同处女的感觉。"

所以，民国年间女性小脚的存在原来是为了满足中国男人对性快感的追求。王溢嘉进而怀疑，后来出现的高跟鞋在增加女性"姿态美"和增加腿部与阴部肌肉紧缩感方面是否也有异曲同工的作用，"这该不会是一种巧合吧？"

现在，女性绝对不会再为了取悦男性而忍受这样的痛苦了。对于今天的女性来说，性不再仅仅是为了繁衍后代，更不仅仅是为了取悦男性。性，对于女人，已经成为一种单纯的乐趣和享受。"女人至上"的性态度彻底改变了"传教士"式单一的做爱方式，这不仅仅是体位上的改变，更是性态度的逆转……

2 女人的性权利

和不好的性说NO。

要性高潮，不要性骚扰——女性主义旗帜高扬

1933年，末代皇帝溥仪和文绣达成了法院外协议离婚。离婚理由为两人

结婚9年竟从未有过性生活。此事成为当时的爆炸性新闻，报纸用的标题净是"妃子革命"、"破天荒——皇妃跟皇帝打离婚"等，而"离婚的5个条件"中的最后一条是："经双方协商，文绣离婚后不准再嫁人"。

在民国时代，女性离婚曾经被称为家门丑事，更别说为了性福而离婚？那个时候，女性在婚姻中即使没有性福，也只能默默忍受。

而到了2002年，因遇车祸致使丈夫丧失性功能，南京王女士以自己"性权利"无法实现为由，向车祸肇事单位索赔精神抚慰金1万元。南京雨花台区人民法院支持了这位妻子的诉讼请求，并同时判决肇事单位一次性支付受害丈夫医疗费、残疾赔偿金等经济损失近11万元。

公开讨要性福，与百年之前的文绣和溥仪离婚，似乎有着遥远的呼应。女性的性权利应该受到尊重，也成为法律的共识。

要性权利，但不要性骚扰。所以女博士们抗拒潜规则，影视圈们的女演员们揭露潜规则，连山木培训的女职员也勇敢地为自己的权利打官司。男人们的咸猪手不再能够肆无忌惮，弄不好，女人们就走上法庭告他一个性骚扰。

3 女人的性安全

从生育机器到拥有生育选择权。

避孕方式的多样性及可选择性。避孕套的出现让女人拥有了更多的生育选择权。另外，超薄、情趣等避孕套的出现让女人能零顾虑地尽享性爱，除了能更安全地享受性，还能拒绝性病的威胁等。而各种避孕药的出现以及普及也让女人们彻底拥有了生育权，从历史上第一颗避孕药开始，现在我们已经拥有雌性激素含量超低的避孕药，它的激素含量仅为XX微克。此外，还有针对产后女性特别推出的避孕方式——含有激素成分的宫内节育器等。

1954年，美国生物学家格雷戈里·平卡斯发明了世界上第一种有效口服避孕药，并进行了首批临床试验。它的发明和使用，促进了人类性观念的革命，对于控制世界人口的增长有着巨大的意义。

对于女性来说，避孕药的发明解放了女性，让女性可以更充分地享受性快乐，而不必担心怀孕的苦楚。

4 女人的性快感

快感不仅仅是男人的事，女人的性快感成为衡量伴侣性爱品质的重要指标。

1909至1949的民国时期可以纳妾，男人可以一夫多妻。所以像电影《大红灯笼高高挂》那样，一个男人难以满足多个女人的性欲时，压抑中的女人的身心，只好生发出各种焦躁和变异来。争风吃醋、偷情、孤独压抑等——一夫多妻显然是一种男权社会对于女人的性剥夺。这对女人的性健康是赤裸裸的摧残。

而1949~1976年，看似这个时候的女性得到了解放。女人变得中性，像男人一样当家做主，穿着无性别色彩的衣服或者军装。个个要像大寨的郭凤莲一样，成为铁姑娘。但是同时也失去了女性的性别特征。这个时候的性是压抑的。女人们也必须像男人一样去闹革命，而性是为革命所不允许的。至于性感，更何从谈起?

现在，试性开始流行。一项有关八零后夫妻的性福调查显示，女性将“是否令我在性生活中满意”视为婚姻和谐的重要指标。男人们开始在床上感受到沉重的压力，如果一个男人无法满足自己的妻子，那么他可能会面临被“休”的命运。

5 女人的性乐趣

性玩具产业的服务逆转趋势——专为女性设计的性玩具和情趣音像制品增多。

建国 ~ 1980年代的女性，性保健知识来自于单位工会、居委会发的计生用品：定期的避孕套等。像那个时代的计划经济一样，性生活次数也严格被计划。超出安全范围之外的避孕失败，将咎由自取。至于使用情趣用品的话，多半会被打入流氓行列。

没有任何渠道得到性知识，所以一切都在秘密中进行。比如手抄本禁书《少女之心》等，在今天看来小儿科级的小说，当年被当成淫秽物品。相当一些女性就是通过这些来了解性知识，并且展开性幻想。

而现在，越来越多的专为女性设计的性玩具和情趣音像制品增多，比如女性自慰器具等，只要你去情趣用品网站挑选，绝对是琳琅满目。

6 女人的性意识

2003年6月，木子美性爱日记《遗情书》在互联网上公开，随后正式出版。之后，流氓燕等一大批以"脱"成名的网络红人相继涌现。

其实，这已经不是第一次女性性意识带有一种前卫意识的张扬。之前，卫慧的《上海宝贝》，棉棉等人的著作，都曾引起轩然大波。女性正视自己的欲望，对于一个习惯了忽视女性性存在，或者不张扬的男权社会来说，木子美带来的冲击显而易见。

2006年，在香港乐施会资助下，反对家庭暴力网络与中山大学性别教育论坛项目主办的美国名剧《阴道的独白》中文版在广州美术馆举行首演，演员是中山大学中文系的师生。

《阴道的独白》是一部世界范围内颇有影响的话剧，也叫《V的独白》。在美国演出时，曾经引起轰动。来到中国后，其先锋的女性意识，也引起了全民大讨论。女性的身体如何关爱？女人们内在的呼声是什么？怎样理解女人的性？这部话剧给出了女性的自我解读。

7 女人的性革命

从1988年到现在，中国式性革命，曾经有一个耸人听闻的数据——每个中国人平均拥有18个性伴侣——当然，这个数据证明曾经失真，但是，女性到底欢迎一种怎样的中国式性革命？在性革命中，女性该如何学会保护自己？性革命，是男人的一种更容易方便将女人搞上床的策略吗？大量的性革命产物——单亲妈妈，少女妈妈等出现，对于女性有没有负面伤害？

无论如何，性革命进行到现在，绝对是到了女性反思性革命对于自己的性健康有何影响的时候了。

2001年，吉林省实行新的《人口与计划生育条例》，规定："达到法定婚龄决定终身不再结婚并无子女的妇女，可以采取合法医学辅助生育技术手段生育一个子女。"在全国首开立法保护独身女性生孩子的先河。

有杂志这一年曾经做过一篇文章，叫做：我只向他要精子。单亲妈妈开始大量出现。是对男人的失望吗？总之，可以只要男人的性，只要他的精子，但失望于他的爱。新法为单身女子生育提供了保护伞。

8 女人的性健康

20世纪80年代初，当美国发现了第一例艾滋病后，很快这种病也传到了中国。第一次，中国人开始知道性病不仅关乎道德问题，也关乎生死存亡。对于女性来说，尤其更要重视艾滋病的威胁。因为女性的生理构造更容易使其受到感染性病的威胁，比如母婴传播、性病传播等。所以，有一年世界艾滋病日的主题是：妇女参与。

2007 年，由中国性学会发起签署，前期在全国范围内组织网络讨论，在博览会现场征集签名。

博览会发起的《中国公民性文明公约》为：

1. 性权利是人类与生俱来的基本权利。

2. 女性与男性享有平等的性权利。

3. 拥有不同性取向的人享有平等的权利。

4. 尊重老年人、残疾人的性权利。

5. 开展对青少年的性教育，以防止婚前怀孕和性病传播。

6. 注重性安全，提倡使用安全套，防止性疾病传播。

7. 反对对性病、艾滋病患者的歧视。

8. 倡导一对一的性关系，减少性伴侣数量，避免同陌生人发生性关系。

9. 倡导多元、平等的性观念，为人的性和身体赋予正面价值。

10. 尊重中国和世界其他民族的多元性文化。

9 女人的流行性文化

20 世纪 90 年代末，记者安顿的《绝对隐私——当代中国人情感口述实录》出版，成为畅销书。中国人掀起了婚姻反思潮。

那个时候，隐私成为各种性隐情的代名词。其实，婚床不稳已经不是这一年的现象。从之前的南方发源而来的包二奶，到情人现象，所有人都能感受到婚姻的迷茫和危机。女性最视家庭和感情为生命的中心，她们深刻地感受到中国式情感危机对自己的影响。

所以，大量有关探讨女性情欲的文化作品大量涌现。美国版《欲望都市》来到了中国，在白领女性群体中引起很大反响。各大女性杂志公开探讨女性情欲，女人的性仿佛成了社会的焦点，也成了文化工作者的香饽饽。当然，也成了社会流行性时尚。

⑩ 女人的性感

在民国初，西方的“乳房崇拜”漂洋而来，落地生根。一些追求个性解放的女人开始试穿一种小马甲代替捆胸的布条。小马甲最初在妓女中流行，随后良家妇女也逐渐效仿，以致成为一种社会风尚。

短小的小马甲前片，缀有一排密纽，将胸乳紧紧扣住，这还是束胸的花样。但追求开放的女子，也能将紧身小马甲演绎出风情，采用轻薄纱料制成背心，外罩网纱，露胳膊现肌肤，因而受到保守人士的攻击。3月8日，名妓金雅玉等人赤身裸体，挥舞着彩旗，高呼着：“中国妇女解放万岁！”等口号，冲进了游行队伍。她们都认为“最革命”的妇女解放，是裸体游行。

那时，女性这样前卫的打扮为社会所不容。但后来，随着超短裙，比基尼等各种性感服装的出现，女人们越来越懂得装扮自己的性感。做SPA，修炼瑜伽，去阳光海岸将自己晒得健康等。而且性感意识也在大幅前进，用一句流行语说是；我穿得少而露，不是为了男人，是为了我自己凉快。

二．网络改变女性性生活

互联网正在深刻地影响着我们的性生活。没有人可以否认，它对中国暗流里进行的性革命推波助澜，直到我们的性生活以前所未有的面貌发展着。

这其中，女性在网上的性表现，尤为令人关注。生活在网络时代之前的女人，都会深刻地感受到社会对女人在性上含蓄、内敛、不张扬、克制和顺从的强调。它在某种程度上压抑了女人追求美好性享受的渴望。因此互联网的出现，在某种程度上，给女人提供了一个“性”的舞台，她们能够在网络中掩盖自己的社会身份，以更本真的、原初的心态去探讨自己的性问题。

网络到底给女性的性生活带来了什么改变？它为未来的两性关系提供了怎样的启迪和意义？

让我们先来听一段女人的心曲吧。

1 我的风月和爱情无关

没有上网之前，我的生活过得波澜不惊。丈夫是一家房地产公司的高级主管，成天忙于工作，很少在晚上十点钟之前回家。我们的性单调而又沉闷，经常出现的情况是：丈夫因为忙于工作，即使偶尔有机会过性生活，也是草草完事后，躺在床上倒头便睡，毫不理会我独自躺在黑夜中，意犹未尽的心情。

那种心情，我不知道别的女人是否能够体会？它就像你正在和你的丈夫一起爬山，你们本来相约一起到达终点的，但是他先爬上了山顶，却把你孤零零地扔在了半路上，想想那种被抛弃被冷落的滋味吧。

有时候，我在黑暗中睁大眼睛，任凭自己刚刚挑逗起的激情，一点点平息。我想这就是我的婚姻吗？我那曾经体贴入微的丈夫呢？他是否真爱我？如果他是真爱我，为什么常常忽略我的感受？

但回到现实中来，我似乎还能有什么不满意呢？丈夫事业有成，我们住在市内三室一厅的大房子里，出入有小车。我和丈夫除了性生活日趋平淡以外，一切都是一个女人渴望中的幸福生活状态，我没有勇气，仅仅为性的某些遗憾，打破这种宁静而安详的生活。

有时我想，这大概就是女人的命运，女人所必须忍耐的吧。我没有办法，也绝对没有勇气，去从另外一个男人身上，获得现实的性满足。

我永远记得那天，我碰到了杰瑞。那时我正寂寞难耐，于是去上网。很偶然地在一个聊天室里，碰到了网名叫“风尘浪子”的杰瑞，我刚进入聊天室，他就和我打起了招呼。

那是我第一次在网上和人聊天，根本不懂得在网上是需要伪饰自己的，只是看见自己变成了一个符号，隔着万水千山和一个同样陌生的不相识的人交谈，一时之间，言语笨拙，简直不知从何说起。

杰瑞问我是不是初次上网？我老老实实地回答是。他又问我是不是女性？我还是老老实实地回答是，然后杰瑞笑了，他敲过来一行字，说：“你知道吗？在网络上性别需要反着说，说自己是男性的，可能恰好是女性；说自己是女性的，可能正好是男性。”

我也笑了，然后，我和杰瑞各自谈了一些自己的情况。最巧合的是，杰瑞和我居然都是北京师范大学的校友，并且都爱好文学，这一点，一下子拉近了我们的距离。

后来，我们慢慢地熟了，先是在网上山河五岳，八面风云地谈，后来，越聊越投机，我们开始交流一些文学、人生话题，在杰瑞的指导下，我学会了私聊，可以不必感觉在众目睽睽之下的尴尬。

杰瑞是一个特别幽默、风趣、善解人意的男人，我能感觉到他的才华不凡，许多时候，当我们聊完后，我依然沉浸在被他理解的兴奋激动的心情中，我感觉那种默契似乎是冥冥中早就有的。我便相信，人与人之间是有着某种心灵感应的，我没有见过杰瑞，但我相信和他一定有着前世的缘分，正因如此，如果有一天没有在网上见到杰瑞，我便感到心里空落落的。

有一次，真的连续几天，在约定的时间都没有见到杰瑞，那几天，我坐立不安，把所有能想到的原因都想到了。他是不是病了？出车祸了？遇到什么麻烦了？总之，如果杰瑞不和我联系，我一定会急疯的。

直到终于等来了杰瑞，当他第一句"好久未见，你还好吗"的问候送到我面前时，我百感交集地差点流下了眼泪。那一刻，我想自己是不是爱上了杰瑞，已经离不开这个和自己有着知己之感的男人呢？而杰瑞，是否也有着和我一样的心理体验？

可是，我从来没有想过离开丈夫，在现实中和另一个男人发生关系啊！我爱杰瑞，但我又能怎么办呢？

杰瑞告诉我，他也是结过婚的。他告诉我这些时，我既有种淡淡的遗憾，也有些庆幸和解脱。我明白，两个已婚的男人和女人交往时，已经不太容易越过情感的轨道了。

因为和杰瑞是老朋友了，所以有时便开些玩笑。不知道是哪一天，杰瑞居然打过来一行字："我特别想见到你在床上的模样。"这句话让我脸红耳热，但是又有种被人挑逗的快感，我也不甘示弱地说："是吗，你有那个能耐吗？"

就这样开了头，连我自己都没有想到。后来，我和杰瑞的关系居然从网友发展到网上的性伴侣。杰瑞绝对是一个深谙风情，熟悉女人心理的男人。他经常说些让人不堪入目的话来挑逗我，但奇怪的是那些话又是我自己特别想听到的。杰瑞甚至将我们性生活的过程一点点地描述出来，在他的指导和主动下，我好像是一个被动的新娘，只需要按照他的指点去做，和他一起徜徉在爱河里，享受网上偷情的快乐。

这以后，晚上午夜时分上网，成了我生活中一个必不可少的内容。甚至，每天到了晚上，我都盼望着和杰瑞约会的时间赶快到来。在网上，杰瑞让我体会到被占有的，被征服的，被挑逗的幸福。而又因为隔着网络，我可以毫无顾忌地迎合他，说我所想的，做我想做的，不会顾忌别人说是我荡妇，或是一个风骚的女人。女人也有要求性满足的权利。

每每下网时，我的心还怦怦直跳。我感受到火热的激情被杰瑞挑逗后内心难以平静，我都不敢相信，以前的那个我去哪里了？在别人眼中，端庄、温文尔雅的我去哪里了？为什么我在网上，可以变得如此疯狂而不顾一切呢？

但我明白，和杰瑞在网上的性生活，改善了我对丈夫的某些哀怨。如果丈夫不能满足我，我便会去找杰瑞，和他的交往，弥补了我现实生活中的缺憾。

然而，我又非常担心，一旦丈夫知道我和杰瑞的交往，会怎样？虽然我们并没有现实中的肉体关系，但网上的这种关系，算不算外遇呢？算不算我对丈夫的不忠呢？

也许不算吧，因为我毕竟没有见过杰瑞，我甚至不知道他是否真正是个男人。不是说过，网上没有性别之分吗？我也不知道杰瑞长得怎样，是否符合我心目中的形象。有时我觉得网上的性生活，有点像一个假面舞会，一场独角戏，我在自我陶醉，体会着自己渴望得到的东西，而杰瑞，他只是一个我幻想中的意象不明的人。

我没有勇气去尝试真正的外遇，但我又为网上这种形式的偷情感到惴惴不安。不久前，杰瑞给我发来信息，他说他已经忍不住了，不能满足只是在网上交谈了，他想和我在现实中发展关系。

我承认，我和他已经深陷于网上的性关系，但一旦涉及现实，我便顾虑重重，矛盾万分。我不愿打碎我的家庭，我的外表幸福的生活，如果仅仅是为了性的需要而付出这么大的代价，我不愿意。

我不知道自己该怎么办？

② 谁在网上寻找性？

从互联网出现的第一天起，我们的生活已注定进入一个新的时代。有科学家曾预言，未来人类将可以利用电脑的虚拟实境技术来满足性的需求，只要穿上由几十万个传感器做成的衣服，通过互联网完成性爱不会是难事。

这其中，女性在网上的性爱生活尤为令人关注。

所谓网络性爱，也称数字化性爱，它是指双方利用互联网上的网络倾谈软件（ICQ）等，在电脑上打出文字信息，通过言语上的挑逗，利用幻想来与对方进行模拟性爱的过程。

美国一本杂志上，曾经画过一幅漫画：一位男网民正在一边和人聊性，一边自慰。这是典型的网上性爱的表现形式，我们可以想象，夜黑风高之时，月明屋静之夜，一个人春心荡漾，坐在安静的屋里，全身心地投入其中，正是享受网上性爱的最佳条件。

但这种方式显然会存在一些问题。一位尝试过网上性爱的网民说得好：我感觉那很像一场独角戏。和别人谈性，是我用来自慰时的辅助工具，实际上，我连对方到底是男是女都不敢完全相信。因为一位朋友曾告诉我，他和一位网友谈性，谈得热火朝天，但最后一见面，对方居然是一位无比清秀的男孩，而男孩哭丧着脸说，我不是同性恋，我只是感到很好玩，所以扮作女孩和你交往的。

事情看似荒谬，但却是网上性爱的特点之一，即性别是可以虚拟的。通常的情况是：网上性爱是两个人交流的第一步，结果很有可能会转变成现实中的相见。

既然网上性爱具有虚拟性，为什么依旧有那么多女人热衷于其中呢？

网上寻找性满足者与现实中的性压抑者

近些年，女性性意识虽然得到张扬和增强，但是传统的“性以男性为中心论”依然深刻地影响着当今的两性关系。这一点可以从著名的《海蒂性学报告・女人卷》中找到根据。60～70% 的女人反映她们很难在现实的性生活中得到高潮，而原因通常是男性伴的忽略和方式不当，因为在现实中 90% 以上的女性都是可以通过自慰来获得性高潮的。

国内著名的性学家刘达临、潘绥铭等人所作的相关调查同样显示，相比起男人来说，女性在现实中的性压抑情况更为严重。

所以，网络为那些对现实中的性感到遗憾的女性提供了一个舞台。毕竟，只要想到因为性不满足而外遇，而外遇所需要承受的巨大代价，许多女人便心存顾虑。相比之下，虚拟的性爱是一种比较安全的缓解性紧张的方式。

对虚拟性爱感到好奇者与现实中初次尝试性爱者

许多女性之所以尝试网上性爱，或许并非她们在现实中的性压抑，只是因为对这种新生事物的好奇。因为在网络上，很难有道德感等众多禁锢。只要你想尝试，摇身一变上网后，谁也不知道那个网名叫“榴裙飘飘”的人可能是现实生活中淑女得看见男人就脸红的你。这种持好奇心上网的女人，和现实中第一次品尝风月之事的女性一样，初次都会不习惯，感到羞涩，但一旦品尝到快乐，通常便会乐此不疲地沉湎于其中。

情感寂寞者与现实中的深情款款者

有些女性在现实中感到情感孤独和寂寞，可能会转向网络去寻找。网络毕竟有无限可能，正因为心境的孤独，她们通常很快投入其中，认为那个和自己“情投意合”的男人就是自己今生所需要的。她们的特点是：因为寂寞而渴望性和情，因为性和情而更加依赖对方，一旦发生情变，便痛不欲生。

网上游戏者与现实中的一夜情

持这种心态的女性认为，反正在网上和人尝试性爱，大家各取所需，互不伤害。更重要的是谁也见不着谁，因此，“玩完就走”，随时下线，在滚滚网络红尘中，大家又都是陌生人。此种心态颇有些类似于现实中喜欢“一夜情”的男人女人，她们的共同特点是“绝不会在一棵树上吊死”，她们不停地变换网名，不停地变换性伴，喜欢做露水夫妻，喜欢新鲜和刺激。

……

总体来说，女性在网上的性爱和在现实中的性爱既有形式上的不同，也有内容上的相通之处，因此，无论持何种动机，正如我们对现实中的各种性行为日益持平常心一样，对网络上的女性性爱，我们也尽可能地以平常心对待。

3 听她（他）说

调查表明，许多女人都有过网上性爱的经历，听一听下面这些女人和男人是怎么看待网上性爱的：

（安冬，女，26 岁，公司文员）

去年冬天，我在网上认识了一位网友，我们都是单身男女，起初的性质颇有些像网恋吧。我们先是聊得非常投机，后来开始互相开玩笑，彼此以

“老公、老婆”称呼对方，也是从那时，我们的关系进入了虚拟性爱的程度。

谈性是由我先挑起的。那天夜晚，我看了电影《本能》，和他聊起这部电影时，我有些恶作剧地问他，他是不是和别的女人上过床？我故意打了一个吃醋的表情给他，他也回给我一个嬉皮笑脸的表情，说天打五雷轰，他到现在还是处男身，不信可以和他试一试。

我知道他特别想和我见面，但不知为什么，我就是鼓不起那个勇气。也许是我们在网上谈性谈得过多，我表现得很疯狂，所以我担心在内心里面，他其实认为我是一个开放的女人，所以即使在现实中建立关系，以后也很难得到他的尊重。毕竟，男人和女人调情时，可以接受女人在性上张扬一些，但在现实里，他们大概恨不得自己的老婆纯洁得对性最好一无所知，哪个男人不喜欢处女呢？

（赵建起，男，记者，30 岁）

我是绝对接受不了我的妻子在网上和别人发生性关系的。哪怕我明知道它是虚拟的，有时可能仅仅只是一种游戏行为，但如果我妻子这样做，我非和她离婚不可。

我觉得如果妻子出现这种情况，要么是我们的关系出现了严重的问题，比如她无法从我们的性关系里获得满足，或者我从情感上疏于照顾她，她只好去从另一个男人身上寻找寄托；要么是她的本质便值得我重新看待，我可能会认为她是一个水性杨花的女人，怎么可以背着我在网上做这种事情呢？

如果原因是前者，我会和她好好地谈一谈，找出自己的不足之处，协商沟通好我们的关系；如果原因是后者，我是不能原谅她的，尽管那种发现会令我非常痛苦，但我一定坚决地放弃这份感情。

（吴晓阳，女，户外运动用品公司导游，27 岁）

不知道男人是不是把女人在网上寻找性爱看得非常严重。我的观点是，既然男人可以在现实中四处寻花问柳，甚至社会隐隐约约地鼓励男人的这种行为，我们女人为什么不可以在网上和我们喜欢的男人发展性关系呢？为什么女人有网络性爱，社会就需要大惊小怪？

我觉得网络上的性爱对女人更具有积极意义。想想吧，一个女人在现实中和人发生性关系，要承受多大的代价：怀孕的危险，道德指责的压力等，而在网上，这些后果都不会出现，女人尽可能地投身于其中，让自己的身心获得满足，只要自己是快乐的，又没有招谁惹谁，我觉得它便终归是一种私生活，是个人行为，别人无权干涉。

（刘爱淑，女，35 岁，编辑）

我希望女性还是少尝试网上性爱为好。我去过一次谈性的聊天室，那里面都是些什么人啊！一些玩世不恭者，一些游戏人生者，一些四处猎艳者。大家的目的基本都是“不在乎天长地久，只在乎曾经拥有”。虽然你和别人在虚拟中做爱，并没有在身体上损失什么，可是在心灵上，你却很可能因为在网络上对性爱的轻率，而在现实中也变得嘲弄爱情，不严肃对待爱情和性。我想，不管是男人和女人，在你轻率地对待爱情和性的同时，你便失去了对爱情的神圣和崇高的体验。

（吴明，男，36 岁，自由撰稿人）

一种新事物出现时，我觉得我们首先需要冷静地审视它的性质。我认为女性的网上性爱，终归是一种生活方式，是私生活的表现，只要这种生活方式不影响别人，特别是你的丈夫和家庭，我觉得女性就不需要有什么顾虑。女性在现实中已经顾虑得太多了，在自由的网络里，还有什么需要顾虑的呢?

我倒很赞同女性心态的调整，毕竟，网上的性生活是虚拟的，它达到的作用有限，因此，最终还得在现实中建立性关系。

（李洁，女，27 岁，外资公司销售代表）

女性有网上性爱，往往是女性已经不在现实中奢望和这个男人发生性关系了。所以，如果一个男人碰见一个女人特别愿意和自己开放地谈性，并不意味着她真的爱你，希望和你将来到现实中做夫妻。

女人终归是比男人矜持一些的，要是爱一个男人，绝不会和他没有见面之前，就放开来谈性。在女人的印象里，那通常是一些“坏女人”的表现。女人爱一个男人，还是会尽可能地在男人面前表现得端庄、淑女、有分寸。因为她们知道，只有这样，男人才会尊重自己。所以我觉得，女人有虚拟性爱，是为了性而不是爱。

④ 女性热衷于网络性爱意味着什么？

提供全球最大规模的免费电子邮件服务的 HOTMAIL 曾经在英国做过一项研究调查，分析了 100 名自愿人士，调查了 2 个月之内收发的 38000 封电子邮件，结果显示，喜爱上网与人谈天说地的男性比女性多出 5 倍。但女性很多时候，都会以自己的性生活作为话题，而男性则绝口不提有关性的问题。

在畅销书《一夫一妻：现实中的神话》的作者伯姬 · 活格罕看来，女性在网上发生外遇的可能性要比男性大，她认为，互联网为女性的性生活带来了许多改变。

但在现实中的情况则恰恰相反，在有关性话题的谈论中，现实中的男性，远比女性开放张扬得多。一个男人在办公室，在酒桌上谈点什么黄段子，交流一些性经验，会被认为是男子气的表现，而女人在这种场合，则大都被社会希冀为“闻性脸红”，最好是一副听了后娇羞状，装作对性浑然不知。

所以，网络上的女人更容易进入虚拟性爱，在某种程度上，和我们这个社会在现实中对于女人的性禁锢有关。

长期以来，男权文化下的社会是这样教导女人的：她们不需要懂得太多的性，女人应该是一片未开垦的处女地，等待男人去开掘。在此之前，社会对于女人进行的“性隔离”，在男人看来，是为了自己去享用一个“性纯洁”的女人。

这一点，我们从社会对男人和女人的贞操观念的不同侧重程度就可以看出。尽管随着社会性文明程度的开放，贞操观已经被越来越多的人赋予科学认识，是否是处女或者处男不再成为相爱结婚后的障碍。但我们仍旧看到，许多男性如果知道自己迎娶的妻子并非处女，他们大多感到失望而不舒服。

所以，男人一直在想办法，让女人在少女时期，对性尽可能懂得太少，而不是太多；但在女人成为男人的妻子后，男人又希望女人对性懂得太多，而不是太少。这些矛盾反映在文化里，反映在女人的性生活现状里，造成的结果是：女人一方面渴望更多地了解性，为自己，也为家庭；但另一方面，女人又很少有机会去了解更多的性知识，并且她们还被迫尽可能地表现得“性纯洁”，对性一无所知。

而网络为女性获取性知识和性体验提供了一种最安全的方式。在网络上，女性是戴着面具的，没有人知道她们的真实身份，也没有人会指责她们在性面前所谓的“主动和放荡”。网络上的性逃离了道德和世俗的禁锢，所以女性可以抛弃观念的压力，投入其中。

女性在网上的性活跃，还和女性对外遇的矛盾心态有关。这自然是指已婚女性。调查表明，许多中国夫妻对自己的性生活质量并不满意，许多女人抱怨她们很难在夫妻生活中获得性满足，性不和谐正成为离婚夫妻内心的一个深层次原因。

外遇因此大范围地发生，并且影响着无数的家庭。这其中，感情、性，以及其他的矛盾，都会成为外遇的理由，但是原因出现后，在选择是否在现实中发生外遇的结果上，男人女人的表现往往不同。

男人比较容易选择现实中的外遇，因为社会为男人的出轨提供了众多的便利，甚至观念鼓励，比如酒桌上的男人喜欢吹嘘自己的艳遇，影视片中的外遇大都先从男人发生，女人成为哀怨的苦主。

而女人不同，她们一方面需要承受外遇的道德观念上的巨大压力，另一方面，众多现实的代价，让女人在外遇面前望而却步。特别是不少女人反映，她们很难将性和爱的出轨分开，一个女人和一个男人发生性关系，十有八九会爱上这个男人。

所以，越来越多的女人选择网上性爱，这是一种比较折中的选择。这种现象的出现，自然有必要使我们反思背后的含义。但不管怎样，透过女性对于网络性爱的活跃，人们应该不断审视自己在男女平等的理想目标上尚存在的差距。

5 给你一点友情提醒

你是否正沉湎于网上性爱呢？你是否在其中感到困惑、迷茫、新奇或者刺激呢？总之，网络为你的性生活打开了一扇别致的天窗。

每个人都有自由选择生活方式的权利，我们反感说教，反感指三道四，包括女性的网上性爱，我们同样认为：那只是一种个人的生活方式，你有选择与不选择的权利。重要的是，不去影响他人，影响你的身心健康，影响你对美好人生的追求。

但我们需要提醒你，我们最终是活在现实世界之中的。无论网络为我们带来了多少可能，但是那些真实的身心欲望，那些激情的战栗和触摸，那些两个人合二为一的交融感，那种同上天堂又同下地狱的眩晕感，却永远是网络难以达到的，我们是自然中人，应该有自然的生活之体验。

如果我们过度依赖网上性爱，很可能是我们现实中的性出问题了。这时候，你需要找出原因，找到解决的办法，重新构筑和另一个人美好的性关系。

毕竟，上帝让亚当和夏娃落到伊甸园的时候，他们是面对面地偷吃禁果的，我们需要的是现实中的性，需要在生活的土壤中长成参天大树。

三．这是一个用性来稀释爱情的时代

我常常想，为什么我们动人心弦的爱情正在发生变化？它们究竟去哪里了？为什么我们的爱情其精神价值正在变得稀薄？

爱情是需要守卫的，我们碰上了一个爱情正在被性稀释的时代。坚守性的某些原则问题，不是回到保守，回到清教，而是爱情需要这样的一种感觉。它必然是被守卫的，否则，我们便成了无家可归的孩子。

1 性真能逃避爱情的痛苦吗？

结束了一段感情，你通常最需要什么？

安坐在三里屯酒吧的窗前，目光游移地看着街上来来去去的帅哥，“最需要什么？”她告诉我，最需要性，需要另一个陌生男人的肉体的慰藉。

今年春天到来的时候，和以前时断时续的爱情一样，安又失恋了。她坐在阳光下的咖啡座，大骂这个世界上没有一个好男人时，我对她这种义愤填膺的样子已经见怪不怪了。城市让爱情变得脆弱，在一个飞速的时代面前，人人都显得对爱情关系的易碎性有些无可奈何。

安说，那个狠心的男人，在一个春天的夜晚，毅然决然地拿走自己为数不多的同居物品，临走时，不忘绅士般地拥抱她时，她说她到底装不下去了，她像一头发怒的雄狮一般，推开他，咆哮着赶走了他。

那个男人走了，她的心也碎了。

那个晚上因此变得如此漫长，她睡不着，起来打开电脑，去一个聊天室。那里人头攒动，有很多和她一样感到孤独的男人和女人，她刚一上网，立刻有人上来和她搭话。

那天晚上，她在楼下的麦当劳里，连续见了三位男人。头两位都被她打发走了，直到第三位，他们矜持而心照不宣地聊天，然后心照不宣地去了她的家。电脑还开着，上面还有无数的男人在呼叫她，她和那个眉目清秀的男人，就在电脑前做爱。

她告诉我，那天她只需要性，目的很明确，所以便毫无负担地冲上前去。但是，当一切都结束后，她变得前所未有的寂寞和空虚。那是一种单纯肉体运动之后的大寂寞。这寂寞让她更加忧郁，她甚至不愿那个男人在她的床上多停留一刻，尽管那个男人对她的疯狂似乎有些恋恋不舍，主动给她留电话，但被她快速地打发走了。

那个深夜，她听门德尔松的音乐，她说她感到从来没有过的孤独和寂寞。

2 有多少性可以胡来

像安一样，在结束了一段深刻的爱情过后，用短暂的性来慰藉心灵的伤痛，这是目前这个时代，许多人通常会本能地做出的选择。陷入失恋的痛苦中时，人人都在瞬间觉得自己是一座孤岛，此时此刻，哪怕只是两具肉体躲在一起取暖，也是好的。

性是遵循唯乐原则的，一次性或者多次性，像鸦片一样让人在寂寞中得到暂时的解脱。更何况，在这个时代，寻找一次性，只要轻轻一点鼠标，只要你想要，网络就能给予你。

然而问题是：单纯的性真的能治愈爱的创伤吗？

大多数人的反应是：单纯的性不但没有治愈创伤，反倒让自己陷入无边无际的孤独中。性从人们意识到它的第一天起，便横亘着一个最高原则——那就是性与爱的最佳结合是性爱最美妙的境界。一个人爱上另一个人，继而和他有愉悦的性关系，很多时候，精神的享受大于肉体的享受。但在一夜性中，他的精神享受没有了，他会更加怀念那种爱与性结合的真正恋情的美妙，他会更加明白自己应该追求的是什么。

宁缺毋滥——很多爱情的理想主义者们是这么想的，于是，他们在一夜性中得不到疗伤，他们剩下的唯一之路便是自救。

想想吧，年轻的歌德失恋后，写出了《少年维特的烦恼》。他终生都在幻想着她，并且书写着她。他把对她的失恋和爱升华了——升华是弗洛伊德的词语。如果你不愿意简单地打发掉你的痛苦，除了升华，你还能怎样？

我们可以想象，如果那个时候有网络，如果歌德失恋后，很快去网上找了一个酷似夏洛蒂的美眉，并且快速地用性打发掉自己的愁郁、悲伤与挫败感，快速地释放自己那受挫的里比多，还会有动人心弦的《少年维特之烦恼》留给世界吗？

3 只有性便爱无能

很不幸的是，我们现在遇上了一个快速释放掉里比多的时代。人们不愿意再在爱情中痛苦，他们发明了一种快速替代爱情创伤的良药——一次性。既然性可以轻而易举得到，又像鸦片一样，可以短时间超度人的痛苦，我们为什么不选择它呢？

要知道，人性总是遵循舒服、简易、方便、快捷的原则啊。

没有人再轻易喜欢痛苦了。在爱情挫折后承受痛苦，是被现代人所轻视的一种事情；结束得行云流水，不带走一片云彩的果断，为现代人所推崇。我们有的是办法来打发掉失恋后的痛苦，一千一万个更优秀的男人和女人正在网络的另一头等待着我们。

只要我们想快速地遗忘，只要我们想。

所以，这个时代再也出不了歌德式的大家了，再也不会有《少年维特式的烦恼》了。我们的爱情，还没有开始便直接到了床上，人们习惯用自然主义的手法来描绘爱情，痛苦的深刻性正变得稀有。

遵循方便、快乐、简单的原则没有错，所以许多人会想：如果单纯的性能很快超度失恋之痛，为什么人人要去做自杀的歌德呢？为什么我们不可以只要快乐，不要痛苦呢？

可是，一个人一旦找到了一种简易方式——一次性来打发掉痛苦的话，他的心灵状态会渐渐发生什么变化呢？

他开始用性取代爱情了，像鸦片一样，他渐渐上瘾了。快感如此简单地获得，他自然懒得去所谓的升华了。他甚至开始否认爱情的存在，甚至怀疑当初对性爱的虔诚和神圣——如此容易获得的东西，真的能取代当初自己梦魂牵绕的爱情价值吗？

于是，他渐渐地学会快速地打发掉自己的热情，他慢慢地变得不再有热情了。他很快发现很难为一个人痛苦了——虽然痛有多深爱才会有多深——他渐渐地感觉自己爱无能了。应用医学上的某些原理解释就是：一个人身上的某些器官如果长期得不到刺激，那么天长日久，便会变得迟钝，没有感觉了。同理：如果一个人长期用性来逃避爱情的痛苦，心灵可能变得麻木不再痛苦了，结果是心灵也变得迟钝，再也感受不到爱情的滋味了。

所以，更多的人一方面抱怨真爱难寻，一方面快速地释放掉自己的里比多。他们也许不需要检讨爱情在这个时代发生了什么变化，而是需要真诚地守卫真爱，需要静下心来，培养自己对爱情的正确心态。

4 女性导引的路

女人比男人更容易感受到这种变革时代的痛苦，更容易感受到性与爱分裂的艰难。

有一句话说得好：当一个男人和女人上床后，他的爱情通常快要结束了；当一个女人和男人上床后，她的爱情通常就要开始了。男人和女人在性与爱方面南辕北辙。有很多人认为，这是男人和女人特殊的生理原因所致，比如男人天生就能把性和爱分开等。

另一位朋友素有一天告诉我，每次失恋后，她也特别想用性来快速地打发掉爱情。她叼着香烟，想学马路天使一样地周璇，玩世不恭的目光漂移地看着酒吧里的男人们。有一天，她终于付诸实践了，她在酒吧里遇上了一位爱尔兰男人。那个男人显然觉得他们应该是同类，在跳舞时就不断用明显的生理反应来挑逗她。于是，后来，她终于决定横下心来，试一把单纯的性爱。

他们回到了她的家，爱尔兰男人显然已经急不可待，他一进屋，就脱掉了自己的裤子，直接把她的头朝下按。那一刻，她好不容易酝酿的“性”致立刻全然没有了，她感到厌恶，觉得自己和妓女没什么两样。

虽然，屈于当时的情境和被挑逗的欲望，她最终答应了爱尔兰男人，只做西方传教士姿势的性交，但那天她的感觉糟糕透了。她没有欲望，没有性唤起，她不能潮湿，她这才发现女人天生是需要性唤起的，而唤起的最好工具就是爱。男人们不一样，他们似乎任何时候都能勃起，即使因为单纯的生理欲望。

她终于承认，只享受欲望本身，也是需要爱作为伴奏的，即使是一种虚幻的爱，爱只是此时此境的一夜性的一件道具而已。

当所有的女人明白了这一点后，她们的痛苦便接踵而来。

所以劳伦斯能写作《查泰来夫人的情人》，所以男作家们往往能醉心于单纯的欲望描写，但伍尔芙却要投河自杀。女人们发现在爱情的困境中找不到性的简易释放通道后，她们要么发疯，要么放弃爱情。

所以，男人和女人都遇上了一个用性来稀释爱情的时代时，表面上看，男人们如鱼得水，女人们痛苦异常。

但最终要为此痛苦的还是男人。他们在肉体的放浪中好像失去灵魂家园的孩子，表面上他们可以快速地用性来忘记爱情，表面上他们不痛苦了，但最后他们将体验到心灵的悲哀。人和人的关系，如果不是用爱来结构而是用性来结构，如何保证长久？

对于女人来说，在一个所谓的性解放的时代，她们可能因为男人的性与爱分裂的叫嚣而去尝试单纯的性，但她们也很快发现，那只不过是男人和时代的一个合谋，是为了他们更方便地上床。

那么，女人们不妨回来，回到她们对爱与性的原初状态。虽然她们将为此品尝理想主义的痛苦，但相比简易的肉体快乐，哪一种更有价值呢？每个人的心灵会为此作出天然的回答。

四．你的性气场有几何？

为什么有的女人总是让男人渴望亲近？即使历尽千山万水也要一亲芳泽？

为什么有的女人总是让男人好像拒之于千里之外，刻板、严肃、冰冷、干枯，让男人觉得畏之如女神？

因为，前者的性气场具有磁铁般的吸引力，而后者，却缺乏性气场。相信所有女人都愿意如舒婷诗中所说：不愿做那个在神女峰上展示千年的女神，更愿意伏在男人的肩膀上哭泣。所以，为了得到男人的肩膀，赶紧打造你的性气场吧。

1 我为什么没有性气场

琳达正在抱怨天下的男人都鼠目寸光，看不到她外表下的无限学识以及宽广的内心世界。

事情是这样的：她是一个女博士，学富五车，经常自诩为波伏娃和杜拉斯。大概所谓的高处不胜寒吧，她更渴望心灵知己。表面的矜持之下，她感觉自己比任何一个女人都渴望一个男人走进她的内心。

但千呼万唤，男人好像一个个都很不容易走近。没过几天，就都落荒而逃。琳达一直不明白原委，后来她从侧面得知，有一个男人和她见面，被她谈了半天的尼采吓坏了。男人觉得自己不够深刻，很累。另一个男人也是约会了两次后，好像流星一样，消失了。他对好友说，琳达不苟言笑，有时候眼神从深不可测的眼镜片后，幽幽地射过来，看得他心里直发毛。总之，他觉得琳达有一种凛然不可侵犯之感，他们第一次约会时，在公园里他想拉拉她的手，却被她的眼神吓得只好做正人君子。

琳达的另一个好友倪可却不是这样。倪可是一家公司的公关销售人员，别人形容她笑起来时，好像全身都舞动着风情。她只有本科学历，但是可爱、可亲。所有的男人都会觉得她很容易搞定——这也许有些粗俗，实际的情况是：有很多次约会，男人想亲近她，她微笑着挡住他的手，说为什么要这样？她的态度大方、坦然，但男人依然觉得对她欲罢不能。

倪可很有男人缘，琳达受不了。她跑到我的心理诊所抱怨：难道男人只欣赏外表，不欣赏内心？难道我只能孤独地过一辈子？

琳达承认，很多时候，她希望男人亲近她，但是有许多限制让她开放不了自己。结果错失了许多机会，而男人，也在这种敬而远之中，渐行渐远。

② 心理学解释：为什么每个人都有性气场？

当一个男人走近一个女人时，对方是开放的迎春花，还是肃立的苍松，往往让人一目了然。心理学上认为，陌生人见面的第三秒钟内，常常决定着彼此的印象：她是容易亲近的，还是必须保持距离的？

必须再一次提到《欲望都市》里的萨曼莎，她被很多男人喜爱，也被许多女人妒忌。甚至她的女友也愤愤不平；为什么你总是得到那么多男人的垂青？因为她敞开自己，当她走进酒吧时，她那迷离的电眼，让所有男人都觉得是在注意他。

她很真诚。男人喜爱和她交朋友。

性气场有高下之分，对于一个女人来说，最好取中间程度。

她不是风骚，更不是A片里的女主角。这样的女人，浑身虽然充满性气场，但她是男人的一次性消费品，消费过后，他把你丢在深夜的街头，扬长而去。

她也不是高高在上的圣母，这样的女人，男人无法产生性的联想。高高在上的性气场，容易画地为牢，男人觉得像地雷，或者像圣地，不能踏足。

合适的，温婉的，健康的性气场是：

她是充满风情的。是让男人亲近一次还想再亲近一次，是欲说还休，是一种留恋。在这种性气场面前，她让男人如沐春风，知道自己并不下流。

她是充满格调的。她具有智慧，懂得调情的艺术。她知道人类性爱的进化与动物最大的区别就是调情的艺术。所以，她拿捏着合适的分寸，打蛇打七寸，通过智慧懂得男人的需求和心灵。

她是敞开自己的。因为自信，也因为不缺乏安全感，所以她敢于敞开自己。她不觉得一次性就要终身负责，所以，她让男人放松。她不给自己设立太多的心灵篱笆，男人经常觉得自己可以像战士，长驱直入。

我以前的一位女上司，在我看来，就是有健康的性气场。四十岁了，每天都依然让人期待着明天她会出现在办公室，又有新的衣服穿在身上。她爽朗，经常能听见她的笑声。她很有风情，像《西西里的美丽传说》中那样，走路、微笑、神态等，都让男人觉得有一种磁铁般的吸引力。

③ 5 个速成法，打造你的性气场

知道了性气场的重要性，从今天开始，就让自己变成男人躲不开的磁铁。你或许需要这么做：

扔掉保守的行头

为什么要像个套中人？为什么不可以像热带阳光下的西西里女郎一样，勇于热爱身体？连德国总理默克尔也会适时地在要求严肃的政治场合秀一秀露乳装，你还有什么禁忌不可突破？

穿一件露背装，或者秀一秀大腿的长裙，心灵的性感革命先从服装的革命开始。也许明天走进办公室，让男人躲不开目光的那个女人就是你。

捡拾对性的错误观念

是不是还在认为性是不洁的？或者小时候受过心理创伤，觉得所有的性都是罪恶？对不起，你不是《钢琴课》中的钢琴教师，你需要摆脱对性的错误观念。事实表明，越是有清教或者不洁观念的人，越容易紧紧地束缚自己。

释放自己，让自己变成性雷达

什么样的人不愿意释放自己？那些不自信的人。很多人不愿意敞开自己，与人交往时容易画地为牢。隔着距离虽然能给人以神秘感，但是也让人望而却步。

印度身心灵大师克里希那穆提说，一个越容易释放自己的人，会越让人喜欢亲近。她身上具有一种气场，很容易嗅到旁人的身体电波。而当一个人紧张、疲累时，她的气场是关闭的，男人的很多示好让她熟若无睹。

会适时地引诱和挑逗

男人喜欢有些孩子气的女人，他正在厨房里光着上身辛勤地做饭时，你悄悄地走上前去，抱住他的腰，将长发披散开来，埋在他的后背上；或者他正在书房看书，你一个突袭般的热吻，想知道这样做，他会是什么样的感觉吗？

他喜欢这种不经意而来的小刺激，也许，接下来，他就为之激动，厨房或者书房就要成为你们的温柔乡了。

练就一双电眼吧

在《快乐大本营》的现场，演员黄晓明被何炅怂恿着练习电眼。青春偶像明星们出场时，都被经纪人要求苦苦练习电眼。每个人都希望自己被别人重视。经典的电眼是：眼睛里含着无限风情，望过去，全场都觉得被她注视，每一个人又都觉得她只在注视自己。

在某种程度上，电眼就是扩散你的性气场，那就是：我的性电波发出了，你能读懂吗？

4 性气场模范人物之四大美女

杨贵妃：制造神秘感

她绝不让唐明皇看到她沐浴的情景。无论起床多早，她一定要醒在唐明皇前面，然后，她出现在唐明皇面前时，一定是光彩照人，绝不蓬头垢面、不施粉黛。唐明皇曾经一度很想偷看她沐浴时的情景，有一次，唐明皇收买了服侍的宫女，刚刚爬到杨贵妃窗前，即被她发现。杨贵妃就是不让他得逞。

制造神秘感。越是得不到的东西，越是有吸引力，这是男人的天性。否则很快得到了，他便索然无味了。

杜十娘：清高忧郁

历史上杜十娘曾经红遍京城。她当然靠的是一种脱俗的清高。虽然误入青楼，但杜十娘一直想出嫁凡间，找一个真正的男人男耕女织，拥有一份平淡的生活。因为得不到，她的眉宇间常常流露一种挥之不去的忧郁。她的性气场是：清高和忧郁。越是忧郁，越是让人怜惜。男人都恨不得成为呵护她的天使。

飞燕：琴棋书画

汉宫飞燕，据说当飞燕在后宫起舞时，连梁上的燕子都屏息静气。琴棋书画中，飞燕最擅长的应该还是舞蹈。她像个天使，给皇帝苦闷的朝政生活带来了大量的慰藉。

女人虽然不是男人取乐的对象，可是相比来说，女人常常天生是艺术的精灵。男人活得已经够沉重了，无论是皇帝还是村夫，他总有大量的事情要打理。所以给他快乐，懂得一些艺术，让自己有一种超凡脱俗之感。

西施：红颜知己

一个男人，除了做爱，他还需要什么？

我们可以想象，在吴越那样一个天下秀色都归皇帝所有的时代里，苦练床上技巧以捕获皇帝心的女子大有人在。西施却清楚，皇帝的性伴侣可以有千千万，但精神上的对象却很可能只有一个。她便要做他的红袖添香。

越是皇帝越孤独，越是那些表现风光的男人越孤独，所以他们不仅仅需要做爱的对象，更需要一个做爱后，可以呢喃着说些心里话的红颜知己。因此，在最艰难的时候，她替他出征吴国，她成全了他的事业。

五．试性时代：要不要给性来一张婚检合格证？

假如有一天，他（她）和你分手的理由是；我们的性生活不和谐，所以我们不能结婚，你会怎么想？

假如有一天，你想和他（她）结婚，他（她）坦然对你说，先让我们试一试性生活是否和谐吧，你又会怎么想？

试婚或者同居已经变成一个并不新鲜的话题，新时代的年轻人大多提倡婚前先试一试性是否和谐，只不过，在这场婚检试性中，不再是那些穿白大褂的医生说了算，而是他们自己。

试验两个人是否适合在一起，是否意味着一定要试验性是否和谐？假如性不和谐，爱情的关系是否要因此终结？

1 我需要答应他吗？

故事主角：何小蕊，23 岁，房地产销售员

何小蕊的来信是通过一家杂志转到我手中的。她看了一些我写的有关性的文章，想和我谈谈她的困惑。她的信是这样写的：

我读了你许多谈性的文章，我想你应该可以解答一下我的问题吧。

我在一年前认识了一位男孩，我们应该说很相爱吧。他是一个特别优秀

的男孩，勤奋上进，博才多艺。交往的一年来，我感觉和他在一起，非常非常的快乐。有人说，假如你和一个人在一起，能不断感觉到快乐，那这就是爱情了。有时我也追问自己，这大概就是爱情吧。

一年后，我们开始谈到了性的问题。

原因是这样的，他觉得两个人如果相爱，那一定是从精神到肉体上都是和谐的。他希望我们在结婚前，应该先试一试性上面是否和谐。我很难拒绝他。在我周围，很多女孩都在和她们的男朋友同居，就在昨天，还有一位女孩要我陪着她去医院做流产。

我不是一个保守的女孩，也非常害怕别人说我保守、落伍。但我害怕什么呢？我想说一些我的见闻。

我的一位女友，因为和她的男朋友同居，怀了几次孕，结果最终还是被她的男朋友甩了。她很愤恨不平，找了几个人将那个男孩教训了一顿，把男孩打成了重伤。在这件事情上，我不知道我应该站在谁的一边，我觉得他们两个人都是作恶者也都是令人同情的。关键的问题是，假如用试性的名义和男人同居，为什么结果总是女孩感觉受伤得更严重一些？

我还要告诉你另一件事情，昨天我陪着我的女友去了医院。看着她在手术台上痛不欲生的样子，我的心灵受到了极大的震撼。我想如果要我经受这样的苦难，我宁愿一生都不要不负责任的性爱。

现在，我的男朋友一直希望和我同居。他甚至已经在外面租好了房子。他说只有在我不爱他的情况下，我才会拒绝和他在一起。我非常非常的矛盾。说实话，我不是不渴望这些事情，只是某种程度上，我也在担心，如果我们真在那方面不和谐，难道以后就不能在一起了吗？性在两个人的关系中真的那么重要吗？如果我拒绝他，他会不会离我而去？

2 给何小蕊的一封回信

亲爱的女孩，我想你的矛盾在今天的许多女孩那里，普遍存在。我们正面临着这样一个时代：性不是太少了，而是太多了。性的多少本来并不是决定一个人是否健康的标准，但问题是，当性泛滥时，我们却缺乏足够的价值观和正确的心态，我们已经在混乱中感到深刻的心灵迷茫。

我想从两方面回答你的问题：

假如一个女孩拒绝性，是否便是保守的标志？

许多女孩反映，今天好像有一种奇异的力量，让她们在男孩的性要求下，必须说一不二地服从。为什么呢？因为我们周围，充斥着众多的性解放人士。有人将自己的性爱日记公然四处发表，有人甚至以谈论和多少个男人上床为荣，并且她们带着时尚的外表，经常以前卫和现代自居。而前卫是一个多么酷的名词啊，好像一个人只有酷了，她们才不会落伍。这让很多女孩有了压力，仿佛不和她们同步，不随便答应男人的性要求，便标志着不够时尚、不够现代。

但我觉得真正的时尚永远有这样一些标准：坚定的人生观，和谐的内心世界，对人和事物有自己的看法，并且勇于承担生命的责任。判断是否需要和一个男人上床的标志并不是所谓的前卫，而是自己是否爱那个人？自己做好准备了吗？自己会不会在性关系中受伤？

性本来是美好的，如果你做好了准备，你就接纳他，这和前卫无关；如果你没有做好准备，你就得体地拒绝他，这也和保守无关。

回答你的第二个问题是：和谐的性在两个人的关系里，是否真的决定一切？

我们的爱情观一直在追求精神和肉体的融合。但现实情况是，确实会有这样的情况发生：有的人精神上相爱，他们的性却不尽如人意；有的人性很好，但他们却不一定真正相爱。重视性固然无可厚非——它反映着人性的进步。但是如果对性过于敏感，并且夸大性的作用又会是什么样呢？

我认为，你在解决了第一个问题后，假如想和你的男友有性的关系，首要的便是轻松上阵。性最需要心无城府地忘情投入，如果背负着太多的包袱，其实恰恰更容易伤害性。

退一步说，假如你和男友的性不和谐，是否就是爱情的末日来临？我觉得这样想完全没有必要。性不和谐，也许和技巧、心理等众多原因相关。大多数时候，两个人是需要经过一段时间的热身才能逐步找到感觉的。所以，如果初始的日子里不和谐，不要急于下结论为“性不和谐”。

即使真的不和谐，我也相信你们会为自己的关系找一个正确的位置。人和人的关系可以是多元的，情感也是多元的。关键是我们要及时调整，不断跟着内心的指引朝前走。

相信你有这样的心态，便能和你的男友走好以后的日子。

③ 众说纷纭：更多人讲述的故事

（王小禅，女，24 岁，广告从业者）

我想，性生活是否和谐，真的是太重要了。我的一位朋友今年 30 岁，她是一个比较内敛的人，在传统家教氛围浓厚的家庭中长大。结婚前，她坚持要将第一夜留到新婚之夜。她的男朋友很爱她，也很尊重她，尽管谈恋爱时，他有过好几次冲动的机会，但他最终都克制了自己。

没想到结婚后，他们在其他方面都没有什么，但在性生活方面却出现了很大的问题。她的丈夫是一个性方面活跃的人，可我这位朋友好像天生就对性不感兴趣。即使好几个月不来一次，她都没有问题，但她丈夫因此却受不了了，经常会去强迫她。因此他们矛盾不断。矛盾最激烈时，她丈夫说她是性冷淡，什么最难听就拣什么说。

他们也曾去咨询过医生，医生明确地告诉他们，人和人在性生理上确实会有不同，站在医生的角度看，她和丈夫谁都没有错，也没有病，只不过是性冲动频率实在不能达成一致。

这事让两个人都很苦恼。他们磕磕碰碰地过了四五年，到底协议离婚了，用朋友丈夫的话说是“人生苦短，他不能就这么压抑着过一辈子。”

离婚自然是两败俱伤，我这位朋友因此也是心灰意冷。有时她说，假如当初他们试一试两个人在性生活方面是否和谐，也许就不会这么折腾一场后，还是感觉空空如也。

所以我想，婚前试验性生活是否和谐，有利于婚姻的长治久安。有人说，和谐的性是爱情的基石，婚姻的润滑剂，如果没有性，真不知婚姻能够维持多久。

（红茶，女，25 岁，作家）

如果一个男人对我说，我们应该先试性，才能考虑结婚的事情，我会怀疑这个男人的动机只是为了玩弄感情。

三年前的夏天，我和一位男孩相恋，交往了一个月后，他就提出我们应该同居在一起。我非常爱他，所以对他的决定自然无条件地接纳。那段日子，是我生命中最快乐的一段时光，我总以为这一生我们可以永远在一起，我相信这种感觉他也会有。

但是我没想到，男人的激情如涨潮的海水一般，来得快去得也快，很快他就对我有些心不在焉了。我后来才明白，在性爱这件事情上，男人和女人是天生不同的，因为和这个男人做过爱，女人爱上他的概率远远大于男人爱上和他做爱的女人。也就是说，因为一次美丽的性爱，女人更容易在其中投入深沉的情感，但男人却经常可以将它看做一次纯粹的性运动。

我后来才发现，男朋友就属于这种人，他可能同时和许多女孩上床，他也堪称性技巧高手，每个和他上床的女孩都能获得欲仙欲死的感觉。然后，当他准备抽身而出时，和他交往的女孩无力自拔了。美好的性爱是爱情的催化剂，她们爱他，又在疯狂中品尝受伤的感觉。

离开男友的半年时间里，我都无法走出那种深刻的悲伤，我感到被激情灼伤了，我想我宁愿一生都不要那样的伤痛。所以我想，当一个女孩子，她在心态上还没有做好足够的准备时，其实真的没必要去和她无法相信的男人在一起。

（温爱军，男，27岁，记者）

有人研究过，爱情的寿命只有三个月的时间，更有人提出观点，爱情只有72个小时，这是为什么呢？我想它的另一面含义是，激情的性是有周期的，也是短暂的，不然为什么今天会有那么多的无性婚姻？

当一对男女一起试性一段时间后，我很难想象一旦走入婚姻后，性的新鲜感还能支撑多久，而没有激情的性，势必会发生矛盾，两个人靠什么让他们的婚姻软着陆？

我以前是赞同试性的，我和女朋友在一起同居了半年才结婚的。也许是婚前彼此就变得太熟悉吧，结婚后，我们已经没有什么冲动了。两个人不敢吵架，因为一旦风吹草动都会很深地伤害感情。可是不吵架呢？彼此在小心翼翼的背后，仿佛心灵的距离又越来越远，不像在一起同居时，可以吵完架后，很快又以生死时速般的速度冲上床去，来一场激情的火热的性。

既然两个人的性不可避免地要走向平淡，我希望性放在婚后，因为只有借助性由激情走向平淡，婚姻也才会由动荡不安走向平淡。

4 观点：让我们重新张开爱欲的翅膀

很多年前，中国人是禁欲的，不要说公开提出试性，就是谈性都被视为不道德的事情。那时最经典的悲剧是：有一对老夫妻在一起过了XX年，最后才发现做妻子的还是个处女，为什么呢？诸君尽可以去想象。

但是近些年来，中国人的性好像加速飞翔的鸟，不但比起自己的历史，就是比起同时代的西方都有过之而无不及，一个个禁区被突破，各种探讨性的书籍铺天盖地，它所造成的最直接后果是：我们的性神经正变得前所未有的敏感，我们正高度关注性在生活中的重要性。

关注性无可厚非，这是一个人检省内心，倾听自身的最佳途径之一，我们的心灵和情感体验，很多时候是在性体验中变得成熟和丰富的。

但是有这样一些现象必须引起警惕：我们正把自己从爱欲中抽离出来，男人们正热衷于做性的刚强勇士，他们越来越注重技巧，但却忘记了爱和情感的关怀；我们越来越看重性，但是另一方面却越来越忽视爱了。

美好的性是人生的升华，所以，重视性在婚姻中的作用绝对无可厚非，但它必须和梦幻、激情、创造等联系在一起，否则，即使肉体在一起，最终也很快陷入虚无和迷茫中。

但是，今天确实出现了这样一种现象，人们夸大性的作用，将性从两个人的关系中抽离出来，并且凌驾一切，决定一切，我就绝对不止一次听过类似的言辞：如果我和对方在那方面不满意，我就要考虑是否还和他在一起了。

所以，今天的男人女人都有了巨大的压力，一个女人如果不试性，会感到自己被视为不够开放，不够前卫；一个男人不试性，会被视为没有魄力，不够自信。性的作用又被如此夸大，就好比一个杠杆不断攀高，要怎样才能让挑剔的对方满意，成了男人女人都困扰不已的问题。所以，他们上床前，已经心事重重。这样的结果是，他们对性会更加失望，更加容易出问题，出了问题又埋怨对方，如此又陷入恶性循环中。

爱一个人就无条件地接纳他，而美好的性最需要具备这种开放、大气的胸怀。从某种意义上说，单纯试性的另一个潜台词是以自我为中心，即“对方会不会令我满意”。这说明在这样的关系中，更多的时候我们没有考虑过我怎样让对方满意，我能够无私地接纳对方吗？

在这样一个泛性的时代，也许我们需要重新捡起激情、狂热和梦想。因为只有它们，才能让我们的生活永远感觉有希望。

第2计

打造六种性爱风范

俗话说，男人是用下半身思考的动物。

所以，擒拿男人在某种程度上便意味着擒拿他的下半身。这似乎不够格调，但符合本能和人性。我们常常能看到某些怨女呼天抢地，老公有了外遇，外遇的对象居然相貌平平。或许，你怨恨那个妖精，她不就是有狐媚手段吗？

与其怨恨，不如重新好好检讨是不是正因为缺失那些性魅力，自己才在情场上大败。如果把两性之间比喻为一场竞技赛，那么苦修实力比怀抱幻想更可靠。

现在，就让我们开始训练自己的性感课程吧。

一．打造六种性爱风范

俗话说，男人是用下半身思考的动物。

所以，擒拿男人在某种程度上便意味着擒拿他的下半身。这似乎不够格调，但符合本能和人性。我们常常能看到某些怨女呼天抢地，老公有了外遇，外遇的对象居然相貌平平。或许，你怨恨那个妖精，她不就是有狐媚手段吗？

与其怨恨，不如重新好好检讨是不是正因为缺失那些性魅力，自己才在情场上大败。如果把两性之间比喻为一场竞技赛，那么苦修实力比怀抱幻想更可靠。

现在，就让我们开始训练自己的性感课程吧。

训练课程 1：我如何才能更风情万种？

训练内容：

风情的要点是欲擒故纵，是欲遮还休。它比风骚高级。风骚更像马路夜莺而不是马路天使。要想做风情的天使，就要首先具备一些对男人心理的了解。男人既渴望一个女人喜欢性，但又隔着距离喜欢性；其次风情是格调的，它和知识、女人味等有关。它也是一种韵味，好像甘蔗，越嚼越有滋味。

风情速成小技巧：

1. 会来一段舞蹈吗？比如热辣的拉丁舞等，当你的肢体随着舞蹈的节奏一起舒展开，长发随着舞蹈而飘扬，男人很难不心动。

2. 吹一支烟灰到他脸上。做爱时，轻含一口香烟，然后把袅袅的烟气轻轻吹到他脸上。相信如果这一招用得好，面前那个目瞪口呆的男人一定会如魂灵附体般，浑身瘫软。

3. 穿半透明的性感内衣，让苗条身姿若隐若现。蛇一样的诱惑，一定要让他血脉贲张。

训练课程 2：我如何惹人怜爱？

训练内容：

在一项“如何利用男人的肩膀向上爬”的调查中，大多数女人懂得适当示弱，让男人因此心甘情愿地施以援手。男人们有时会把做爱称为“疼你”，在他看来，当你惹人怜爱时，他“疼”你的愿望才会如此强烈。所以一个女人要适时地让男人怜爱。

惹人怜爱速成小技巧：

1. 不是要你装成和林妹妹一样天天咯血，但两个人吵架的时候，是不是还能珠泪涟涟？哭，他立刻方寸大乱。

2. 还有一起去看流星雨的机会吗？如果没有，那么在地铁里，在深夜回家的列车上，靠在他的肩膀上。或者，过马路时，紧拉着他的手。

3. 在床上，无助地蜷曲，双手紧抱胸前。在朦胧的灯光下，这常常是让一个男人血脉迸发的时候。因为她看上去那么弱小，像一个恐慌的小动物。

训练课程 3：我如何享受性？

训练内容：

在今天这样一个时代，男人更渴望遇到旗鼓相当的对象：性，是你情我愿，是欢娱而不是负担。因为渴望旗鼓相当，他们渴望遇到这样的女人：她热爱性，享受性爱，和他是一对双打好选手。

享受性爱速成小技巧：

1. 观念革命：如果还把性仅仅看成生殖的作用，你大概还生活在中世纪。赶紧洗心革面吧。性，有时仅仅只是为了欢娱。而欢娱，就需要不懈学习。

2. 有了快感你就喊：还在害怕什么？如果需要，就不妨大方地告诉他；如果有了快感，就大方地喊出来。男人乐意看到你来自生命深处的渴望。

3. 赞美他。似乎地球人都知道，但是应用得却不多。赞美他的技巧，或者欣赏他的身体，会让他信心百倍，然后更好更强。

训练课程 4：我如何妖艳？

自古就有祸国的妲己和埃及艳后。妖艳，永远是女人制胜的不二法宝。

千百年来，妖艳变成了男人潜意识深处的渴望：她是解风情的，可能在床上变幻多端；她是不可捉摸的，具有神秘的力量，越是不可捉摸，男人越有好奇心。

妖艳速成小技巧：

1. 当他伏在你耳边，希望你今夜和他回家时，为什么不轻轻说“不”？适当的拒绝，反倒常常让男人愈挫愈勇，欲罢不能。

2. 偷学点性技巧，有一天让他有意外之惊喜。或者偶尔扮演一回老鹰捉小鸡，你是老鹰，他是小鸡，让他体验一回被征服感。

3. 媚眼。看住他，但又高傲、若即若离。这让男人不明白你是在挑逗还是在引诱。男人都盼望艳遇，相信一见钟情，你的媚眼会让他觉得是自己的魅力引起了你的注意。

训练课程 5：我如何清纯可爱?

训练内容：

清纯，是一抹恰到好处的害羞，是表面上的少不更事。清纯甚至有点像“傻”，但它在浮躁的世界里，是一种婴儿般不忍让人伤害的力量。即使观念革新，但男人心理上寻找“处女”的情结依然潜藏在意识深处，即使你日后变得不清纯，但他希望自己是始作俑者，用他的神奇力量让你变成熟女。

清纯速成小技巧：

1. 素朴，简洁的打扮。不一定要像曾经的龚如心那样，五六十岁了还一副哈韩妹，但是清纯一定意味着对抗复杂。所以，发饰、服装等，都最好回归简单。

2. 害羞。脸上一抹恰到好处的红晕，是越来越难得的纯真表现。他在手忙脚乱，你闭住双眼，不知所措。

3. 某女笑星在2008年的春晚装纯说：这是为什么呢？虽然不必像她一样故作清纯，但在黑暗中，当他坏坏地偷袭时，不妨无辜地望着他：这是干什么？

训练课程 6：我如何成为知性情人?

训练内容：

知性情人不仅仅懂得性，更体谅到男人像孩子，她懂得以柔克刚。如果说在性爱的瓷器商店里，男人常常像一头闯进的公牛，那么她能让那头公牛变得如水柔情。

知性情人不但是性伴侣，还是很好的谈心对象，她温柔体贴，恰到好处。如果说尤物们俘虏男人的身，那么她则将男人的身心一并手到擒来。

知性速成小技巧：

1. 来点情调。不要以为男人只是性动物，许多时候，他们也希望接近神。所以，来点红酒，放点轻音乐，谈谈心，延缓期待，这些都是让他回味无穷的性史。

2. 增加一些机智的性幽默。比如，当他因为紧张暂停时，一句幽默可以拂去他的焦虑，让他放松，拉近两个人的亲密感。

3. 有没有一些闺房的拿手好戏？这当然不仅仅是指苦练技巧，比如和他打打性爱扑克，谁输了，赢家就得天经地义的享受输家的伺候。或者来点情调按摩。总之，寓情于性，不必像赵飞燕一样琴棋书画，但把性爱做得更有格调和情趣，一定是让他迷恋你的杀手锏。

二．女人性魅力完全训练课程

修炼外在的性感，比如丰乳肥臀，或者杨柳细腰也许先天条件很重要，但精神上的性感却是通过后天可以努力达到的。就看你是否有心，是否愿意去做。如何做一个男人眼中的精神性感女人，在我看来，应该有如下特征：

1 性是用来享受的

《欲望都市》的萨曼莎表面狂放，但她却始终遵循一个性原则：性是用来享受的。性绝不是苦行僧式的忍受或是压抑，也不是借机敲开婚姻或者捞取利益的通行证。但很多女人却不把性当成享受。影视镜头里，那个缓缓解开衣服的女人向着她明天就要出征的男人不无幽怨地说：俺把身子交给你了，以后你可要对俺负责啊。这样的性让男人恐怖，也让女人作茧自缚。因为一旦女人不将性单纯地视为享受的话，产生大量性冷淡或者无法获得高潮的女人，将不足为奇。

2 女人何苦为难女人

李银河发表过类似的观点。她说在女人群体中也有分裂的情况发生，那些所谓性稀少的女人或者采取性清教态度的女人，总是对性丰富的女人采取敌视态度，比如称她们风骚、荡女等。事实上，一个貌似性纯洁的女人，并非她天生在道德上具有优势，她可能只是在生理上对性要求得比较稀少，或者她采取了一种禁欲的态度。研究性的专家们发现，那些用恶毒的语言攻击性开放的人往往也是女人。

女人何苦为难女人？一个女人选择性压抑还是性开放，更多的是价值观的问题。即使你很少做那种事情，但你该尊重做那种事情比较多的姐妹。在我看来，这是一个女人精神性感的重要标志，否则，她就是伪善。

3 丰富的创意

审美疲劳了，她可以想法把卧室搬到郊外去；她会在情人节舍得布置一次烛光晚餐，她会像个学生学习一些性爱指南——虽然天真，但可爱。这样的女人让男人欣喜，因为她不是在男人对其熟稔的身体无动于衷时，一味把抱怨的矛头指向男人，而是从起初，就检视自己对性的态度，即性是需要学习的，是需要用一些方法来常新的。而具备这种意识的女人，才会在男人面前保持一种永远的吸引力。

4 不要在床上趁机提出买大衣的要求

性是用来敲诈的吗？

大多数女人可能有过类似的经历，比如在和他上床前趁机提出购买皮大衣的要求，或者事情结束后趁机泄私愤。“我让你舒服了，所以一定不能让你好过”，这样的心态表面上一时痛快了，但却在男人内心里留下了阴影，他会觉得这样的性很麻烦，因此下次敬而远之。

即使有抱怨或者有要求，也把它留到该说的时候再说。这是美国一位婚姻学家的话。懂得克制和讲究性爱分寸的女人，会让男人感到熨帖。

5 多情，但不滥情

在酒吧里，对着浮浪之徒的挑逗，她轻轻地拨开他的手，微笑着说：对不起，我有男朋友。

在办公室里，对着上司的引诱，她可以恰到好处地说，对不起，我今晚得回家去看我的孩子。

在一个性无处不在的时代里，男人女人要重建的是性忠贞。分水岭应该是：如果我有固定的伴侣了，那么我就不应该和别人有染，除非我结束了我们的关系恢复到单身后。所以，当女人期待着男人保守性的贞洁态度时，男人其实也期望着女人对性诱惑有一种恰如其分的拒绝。她多情，但不滥情，这样的女人，会让男人安全。

6 你和颜悦色了吗？

熟女作家江映瑶说，那些享受性的熟女，可以从她们脸上的神态看出来。大致说来，她们待人接物平和有礼，她们和颜悦色，脸上春风满面。反之，那些尖刻的、爱抱怨的、身体像火药桶一样的女人，可能是性受到压抑的一种心情曲线折射。

女人的精神性感还包括她在待人接物上的春风满面。这样的女人会让男人感到，她的内心是开放的、阳光的、让人易亲近的，反之，那些尖刻的女人，内心则是阴暗的，让人敬而远之。

7 不干巴，即使干练也有风情

哲学家莫洛亚说，他很希望即使女人争取权利，有一天权利争取到了，还是能够回家去做女人。

他的话极端，是针对女权主义中把女人越来越男性化的一种抱怨。女人味和女人强大是否一定背道而驰？女人一定要在各方面变得像个男人才是女人独立的标志？不久前，某项重新寻找中国女人味的评选中，钟丽缇、杨澜等人代表了一种新式女人的趋势：即使事业成功，但女人的风情依然。

即使你是职业女性，但该温柔或者该小鸟依人时，依旧有万种风情。否则，就像前几年讨论女博士为什么嫁不出去的原因一样，不是男人不爱女博士，而是女博士们知识越多身体越干巴，失去了女人风情。

8 “坏”与引诱

女人不“坏”，男人不爱。

可是现实中，往往要么是女人不谙闺房文化，拼命贤妻良母，让男人敬而远之；要么是走极端，一条坏路走到底。“坏”其实更多是一种拿捏两性风情的艺术，恰到好处、有点小小的欲擒故纵、淘气、反常规、若即若离、神秘等。懂得“坏”艺术的女人，其实是掌握了男人的心理。

精神性感中，绝对不是读了多少书，也不是智慧或者智商的累积，而是一种人际常识的把握和恰如其分的运用。面对这样的女人，男人只有乖乖投降。

三．亮出你的“性敢力”

假如有一天走在大街上，突然激情来临，你是千山万水地必须回家，还是迅速就近解决？

如果是后者，恭喜你，你大概就是传说中的“性敢分子”。一场突如其来的性爱，当然应该是遵从内心的召唤。要知道，激情常常稍纵即逝，所以不要等到它消失后再去抓住激情的尾巴。

从现在开始，亮出你的性敢力。

名词解释：何谓性敢力？

所谓性敢力，就是一种对于性的敢作敢为的能力。它提倡无所畏惧，提倡适时地抓住激情，身随心动，提倡要反常规，勇于创造性的新鲜感等。用心理学解释是：每一场性爱都是因缘际会，一个偶然的情境可以促使激情产生，那种偶遇的天意一般降临的性爱，往往更令人难忘。

它和“有了快感你就喊”具有一脉相承性，它提倡女人要勇于享受性福，把握性福，并且追求性福。

1 小测试：你的性敢力有几级？

先来做一个小测试，看看你的性敢力有多高？

1. 你有过野外亲密的经历吗？

A. 有过

B. 没有

2. 正在开车，突然激情翻涌，你会：

A. 赶紧找一个地方，来一场车床性爱

B. 先好好开车吧，别的什么都不想

3. 你随身准备着安全套？

A. 是的，不太在意别人的说法

B. 不会，只在家里的床头柜里

4.《欲望都市》里，你更喜欢萨曼莎还是夏洛蒂？

A. 萨曼莎

B. 夏洛蒂

5. 你正在做饭，他在床上千呼万唤，你的反应：

A. 先不做了，天大的事情也抵不过和他的亲密

B. 天大的事情，也得等我把饭做完啊

6. 在街上看见不公平的事情，你会：

A. 怒发冲冠，忍不住上前要理论一番

B. 算了，忍气吞声，任何时候理性优先

7. 你有冲动性购物习惯吗？

A. 有，心情不好时就会狂购一番

B. 没有，做事从来都是井井有条

8. 你敢在海滩穿比基尼吗？

A. 可以，毫无畏惧

B. 很羞怯，经常感到难为情

9. 去酒吧，你会挑选什么样的位置？

A. 明亮的，男人们一眼就能看到的地方

B. 光线阴暗的角落

10. 小时候，关于性，母亲怎样教导你？

A. 女孩子要勇敢追求自己的“性福”

B. 女孩子不能老想这种事情

测试结果：选 A 得 1 分，选 B 不得分，把你的得分相加，如果你：

0~3 分：不好意思，你的性敢力不太及格。你大概是性的羞怯分子，你喜欢一成不变的性生活，多少年了，你的性平淡而没有什么突破。这可能与你对性持一种保守观念有关，也可能和你的性格有关。适当给你的性注入一些冲动色彩吧。

3~6 分：恭喜你，你的性敢力晋级合格水平了，但是你还需努力。有时候，你能有意想不到的爆发，但有时候，你还会顾虑很多。你常常陷入心灵和肉体的两难冲突之中，所以，在他看来，你有时保守如修女，但有时又狂放如潘金莲，天知道，这恰巧是你两面性格的体现。

7~10 分：你的性敢力非凡。虽然不敢说你就是传说中的花花公主，但是你却是许多男人喜欢亲近的对象。因为你热情似火，常常能带给他意想不到的惊喜。你的性情花样百出，这么多年了，他还是觉得和你处于新婚中一样。

唯一需要提醒你的是，万一在公众场所激情爆发时，一定要注意不要对周围人造成不良影响啊。

2 一位老公的抱怨：她为什么总是缺乏性敢力？

结婚多年了，我觉得她像温开水一样，总是波澜不惊。

她总是要按程序化做爱，比如非要等到十点，孩子睡觉后，并且要做完一切家务后。有时候，我在床上左等右等，常常好不容易等到她上床后，我一点感觉也没有了。结果她还奇怪地问我，为什么刚才还急如星火，现在又兴味索然？

我特别希望看到她有爆发的一面，比如有一天，她突然对我说，她特别特别想要。这种感觉一定会让我找到男人的成就感。

或者，她能够主动参与一些，而不是让我感觉自己总像个独行侠，主宰一切。记得有一次，我们看完电影回家，被一种情绪激励着我想“坏”一把时，她推开我，说我太不注意规范了。万一被别人看见怎么办？

很不幸，她很少秀自己的性感，很少学习一个性创意，或者某天回来让我很意外地看到她穿上一件性感的内衣。在我看来，本来甜蜜的性爱，变成了一件义务功课。她不得不做，这让我纳闷，难道她从这件事情中一点也得不到快感吗？

③ 打造你的性敢力的 4 个经典实践

知道了性敢力在亲密关系中的重要性，知道了男人如此渴望女人的性敢力，那么就好好抓住机会享受性敢力吧。下面五个性敢力迸发瞬间，都让女主人公享受到了一些难以忘怀的激情性爱。

五千米的高空性爱

（性敢分子：阿西，女，27 岁）

那天艳阳高照，我和老公乘飞机去泰国。想到有一个美妙的假期旅行，一路上我们就在打情骂俏。关键是那天，他表现得又温柔又体贴，而且穿着黑色 T 恤，不时在我面前秀他的健身成果。

打情骂俏到飞机快飞过了国境线时，我们决心将意淫上升到实战高度。怎么说呢？前戏太长了，一种奇怪的调情电流在我们两个人身体之间流过，必须有一种恰当的方式去表达。老公先说去上洗手间，他对我挤眉弄眼，我当然心领神会。

结果那个午后，全机舱的人都在昏睡时，我们在洗手间里激情亲密。我还记得窗外艳阳高照，大朵大朵的云彩一会儿飘过窗外，飞机偶尔会颠簸一下，时刻让我担心自己会掉下去。既因为紧张，也因为刺激，总之，那个午后，我们在五千米高空上销魂上了天堂。

一句话提醒：虽然飞机上的洗手间只贴着“禁止吸烟”，没有贴上“禁止做爱”，但是公众场所的性爱，毕竟可能会妨碍他人。所以，当乘客都在午睡不急于用洗手间时，才是比较好的机会。否则，尝试高空性爱的你们肯定要担心他人内急敲门了。

野外那场人蚊共处

（性敢分子：琳达，女，26 岁）

往事不堪回首。

有一天，老公单位组织野外旅游，允许带家属。那时我和他新婚，正是一日不见如隔三秋的时候。一路上，我娇滴滴地故意让他又驮又抱的，结果很快就掉队了。走过一处野山坡，野花盛开，河水清流。老公就故意不走，而且不怀好意地动手动脚起来。

我当然也是勇于配合，因为当时的情境太美妙了。虽然天为被地当床，而且周围有不少蚊虫飞舞，可是我们不管不顾了。一切结束后，我们好不容易追赶上了老公的同事时，他们惊诧地问我们脸上胳膊上为什么都是红点点？我们很是尴尬，不知如何作答，估计老公同事心里都是明镜高悬吧。

一句话提醒：野外激情，安全第一。防虫防盗，更要防感冒等。

黑暗楼道里的快餐性爱

（性敢分子：王若琳，女，27 岁）

那是看了一场电影后，回家的电梯停了。我们家住在 27 层，老公和我面面相觑后，决心发挥一番长征的铁人精神，慢慢爬上去。

爬到第十层，我就爬不动了，非要他背。黑暗的楼道里寂静无声，整个大楼里的人好像都在昏睡。老公背着我，手就开始不老实了。我又害怕又紧张，一边佯装着躲避色狼袭击，一边却体会着刺激感。

结果那晚，我们成了黑暗使者。在黑暗的楼道里，老公气喘吁吁。我记得有一只不知谁家的猫半夜溜出来，闪着幽光注视着我们。那种情景让我又紧张又刺激，但是至今想起来，还是让我经久难忘。

一句话提醒：要时刻注意倾听是否有人经过，否则恐怕要半夜惊魂，让别人惊吓得报警了。

厨房里的情欲升腾料理

（性敢分子：罗丝，女，28 岁）

某年某月吧，那天老公送给我一件漂亮的衣服，感动于这小子还算有点良心，我决心亲自下厨，做一碗爱夫汤。

厨房里热气升腾，他不知什么时候，也洗浴一番跑到我身边捣乱了。一会儿从身后抱住我，亲吻我的发丝，一会儿要手把手地和我一起做饭。我被他挑逗得早已没有了专心做饭的心境，结果勺子丢下，也不管汤里的香味四溢，我主动变成了厨房里的料理女神，拿着勺子跳起了艳舞，让老公大开眼界。

那天，精美的大餐被浪费，但我们得到了一场真正的性爱。

一句话提醒：如果美食与性爱不可兼得时，至少注意防火。

打造你的性敢力之建议

张扬你的性敢力并不是倡导无规则的泛滥情欲，恰恰相反，是为了我们更好地享受性爱的甜蜜。所以，提醒你表现性敢力时的6项注意：

1. 适时主动：男人乐于看到女人主动，但并不是如不讲风情的孙二娘一般大喝一声：“我要”，而是迂回曲折，让他感觉一种诱惑力。

2. 顺其自然：性敢力绝对不是强迫和装腔作势，它的核心要义就是顺其自然。所以，有了感觉你才敢，而不是霸王硬上弓。

3. 注意美感：很明显，性敢力不是让你变成传说中的尤娃荡妇。性敢力更适用于那些在内心里勇于追求性的女人，但在表现方式上要有美感。比如欲擒故纵，比如调情等。

4. 注意公德：性敢力的发生场合，常常可能出其不意，因此，不能激情上涌时，不注意社会公德。比如要看看是否影响周围人？比如办公室性爱，要注意防止留下痕迹或者隐患。

5. 注意安全：杰西卡和SAM喜欢在高层旁的阳台上亲热，虽然这颇具性敢力，但是SAM说，也常常会担心掉下去。很多时候，秀各种新颖的性方式，要记住：安全第一，快乐第二。

6. 因人而异：并不是所有的男人都喜欢性出位，表现性敢力的时候，也要“对男下菜”。我们会在生活中看到某类男人就是性保守类型，一个积极张扬性感的女人，可能会让他感到压力。

四．飙升你的非典型性感指数

很多时候，性感并不意味着你是否具有环肥燕瘦的倾国倾城之貌，或者你是否在卧室里风情万种，性感也许只是一个小动作，一个不经意间流露的表情，但这些细节如果你注意到，对于男人来说，也许便是所向无敌的“致命诱惑”。所以，如果你是一个有心的女人，不妨按照以下的要求，飙升你的非典型性感指数。

1 沐浴后的长发飘飘

你从浴室里走出来，但并非全裸，也不是长发凌乱，你穿着浴衣，最动人的部位都在他面前若隐若现。几许挑逗，几分诱惑，你的头发不经意地飘散或者卷起，你一边梳理着头发一边向他走过来，你身上飘着淡淡的香味，好像刚出水的芙蓉一样。

几乎所有的男人都喜欢看到女人刚出浴时的情景，那时，他们一定满怀期待，所以，这时你看似不经意的慵懒或者欲擒故纵等，对他都是一种欲火攻心的煽动。

性感指数：★★★★★

杀伤力：四级

2 你会说我要

调查表明，男人最喜欢听女人说“我要”，最激动的是听女人说“我还要”，但是善解人意的女人，绝不会像孙二娘一般，大吼一声“我要”——这样会把男人吓个半死；也不会设置千般语言迷宫，让男人成为破译语言密码的高级情爱间谍。性感女人会恰如其分，恰到火候地表达自己的需要，比如，一个肢体暗示动作，轻轻地用双手抱住他，小鸟依人一般留恋，比如脸色绯红，心底涨潮一般既兴奋但又羞涩地说“你真坏”。所有的男人都明白，“你真坏”是对他莫大的鼓励，自然，他会立即开足马力，再接着“坏”一次。

性感指数：★★★★

杀伤力：三级

3 你是暖巢高手吗

你将卧室布置得非常有情调。他是个有点童心情结的男人，你会在床头边不经意地放上几个卡通娃娃；他是个热情似火的男人，你会在床边放几片碎花；他是个喜欢视觉刺激的男人，你会调出暗红或橘黄色的灯光；他是个喜欢在黑暗中行事的男人，你则只任月光淡淡地飘洒。

绝对不要忽视布置卧室的能力，专家们认为，性是一件综合的事情，一点氛围的刺激，会让他更加神魂颠倒。

性感指数：★★★

杀伤力：三级

4 调一杯红酒助性

男人大都喜欢以酒助性，所以，在那个燃情夜晚，不妨调一杯红酒，你端一杯，和他依偎在沙发里，慢慢地品尝，红酒喝下去，你的双频绯红，你的眼神开始迷离，你开始看起来像个自甘堕落的风尘女子，但是男人们都明白，你此时的堕落只是为他，而几乎所有的男人都喜欢看到酒后堕落的女人，理由有两个：第一，方便征服；第二，酒后乱性，贞女变荡女顺理成章。

性感指数：★★

杀伤力：一级

5 你是偷袭高手吗

男人喜欢有些孩子气的女人，他正在厨房里光着上身辛勤地做饭，你悄悄地走上前去，抱住他的腰，将长发披散开来，埋在他的后背上；或者他正在书房看书，你一个突袭般的热吻，想知道这样做，他会是什么样的感觉吗？

他喜欢这种不经意而来的小刺激，也许，接下来，他就为之激动，厨房或者书房就要成为你们的温柔乡了。

性感指数：★★★★

杀伤力：四级

6 你懂得床笫间的礼仪吗

并不是让你和他在床上相敬如宾，而是指一些善解人意的小动作，比如当丈夫热切地看着你时，你不会还在慢慢地非要叠好衣服才上床；比如事情结束后，你不会立即淋浴，好像性是一件不洁净的事情。照顾一下他的自尊心和情绪吧，优雅而有分寸的女人会让男人心生感激而愈发地加倍回报你。

性感指数：★★★

杀伤力：三级

7 你修饰好自己了吗

多年的老夫老妻了，你会不会觉得一些细节可以忽视？但是，正因为多年的夫妻，性容易淡化，所以你们更要注意修饰：处理一下腋毛，指甲不要留得太长，以免抓伤他，注意个人卫生，注意内裤的整洁和创造性，一个在丈夫面前，永远光彩照人的太太是最可爱的，没有一个男人希望他的妻子，从风华绝代的公主慢慢变成邋遢的黄脸婆。

性感指数：★★★★★

杀伤力：两级

8 给他点一支香烟

你们从激情中返回来，重新疲倦地依偎在一起，你知道他有事后喜欢吸烟的习惯，何不主动给他点一支香烟，带一点调皮的表情，让男人觉得你是在犒赏他，而原因是他刚才的表现非常精彩让你心满意足。那好吧，现在就让他舒服地享受出征沙场后，终于志得意满的成就感吧。

性感指数：★★★★

杀伤力：三级

9 你的大腿性感吗

K 说，有一天早晨，他要和妻子缠绵妻子却欲擒故纵时，她光着脚跳下床来，像个孩子一样地去躲避他的袭击。当时晨光从窗外射进来，妻子娇羞红晕的脸在晨光中格外显眼。K 看着妻子洁白如玉的脚踏在木地板上，小巧玲珑，煞是可爱。K 说，那一瞬间，妻子的玉腿让他觉得性感极了。他从来没有发现妻子这么美。

很多时候，不要忽视你的腿的魅力。有古诗将女人的大腿形容为莲藕，所以广告商们不遗余力地在一些广告片中，让女人们若隐若现地露出大腿，吸引男人的目光。性感的女人知道怎样恰如其分地展露腿的性感。

性感指数：★★

杀伤力：三级

10 你会恰如其分地害羞吗

这是一个浪漫的夜晚，丈夫希望和你共度一个激情的周末。他对你不停地施以一些挑逗性的动作，甚至在电视里故意放一些情色片。男人就是这样，一旦进入性生活，他们总想扮演征服者的角色。他们喜欢看到女人成为他们手下的俘虏。所以，这时候，一个比男人还大胆挑逗的女人有可能让男人更加欣喜。但假如他是一个喜欢征服的男人呢？也许，这时候，你表现一些适当的害羞，会更增添你的性感，让他欲火焚烧。

你可以躲躲藏藏，可以神情娇羞，成为他温柔的俘虏，你可以含娇带嗔地说："不要嘛。"想想看吧，他当然知道你在说反话，"不要"恰好证明你是多么的想要他。

性感指数：★★

杀伤力：二级

五．性爱也要门当户对

英国维多利亚时期，据说刻板的英国人婚检时，要测量新婚夫妻性器的尺寸等，以检验男女婚后的性生活是否能够和谐？

传统的婚检早已被时髦的试性所取代，今天的男女不仅要注重现实条件门当户对，更要注重彼此的性爱是否也门当户对？想想看，一对男女就像羽毛球双打选手一样，在冥冥中遇见彼此后，不但性器高度契合，而且两个人的各种性爱好等也仿佛天造地设，他们是否便是性的幸运儿？

如果说婚姻的缘分依赖现实条件，那么性爱门当户对便更具有神秘性。它没有规律，完全是在千万人中遇见彼此，仿佛一对男女刚来到人间时，就被上天托付为对方而生了。

1 小调查：你和他的性爱门当户对吗？

下面是一份情趣问卷，你们可以在卧室里，彼此背靠背做一份。

1、关于性频率

A. 你们性频率一样，总是你一个眼神，他立刻心领神会。

B. 你们性频率严重不和谐，当你春意盎然时，他常常回家后累得性致丧失。

2、关于性态度

A. 一样，并且高度一致。

B. 不一样，你是《欲望都市》中萨曼莎式的豪放女，他是维多利亚时期的清教徒。

3、关于“性”仰

A. 你们有一样的“性仰观”，比如都觉得性快乐是生命的要义。

B. 你们有不一样的性仰观，你觉得禁欲一些比较好，他觉得纵欲一些比较好。

4、关于性技巧的学习

A. 比较类似，你们一样的不爱学习，或者狂热学习性技巧等。

B. 很不同，当他狂热地想实践A片技巧时，你觉得他太流氓了。

5、关于荷尔蒙分泌速度

A. 一样，都是分泌比较旺盛或者比较稀少。

B. 不一样，一个分泌旺盛，一个好像是沉静的千年湖水。

6、关于性时间

A. 一样，都喜欢同一时段做爱，比如周末十点以后。

B. 不一样，比如他喜欢早上，你喜欢晚上。

7、关于身体素质

A. 一样，一晚上大战几个回合，你们旗鼓相当。

B. 不一样，几场高难度的动作下来，他面色未改，你已经气喘吁吁。

8、关于性暗号

A. 总是心领神会，他一个眼神，立刻勾起了你的天雷地火。

B. 好像盲人摸象，他的动作让你不知所云。

9、关于叫床

A. 你的呻吟仿佛他进攻的鼓点，你们的节奏天衣无缝。

B. 你越喊，他越不行，赶紧拿被子蒙住你的头，生怕邻居听见。

10、排解困难的能力

A. 总是齐心协力，比如他出现意外了，你立刻可以成为一个合格的性爱修复工程师。

B. 矛盾不断，比如突然不行了，你不但不帮助他，还冷嘲热讽。

11、关于性硬件问题

A. 天生就合适，不存在谁大谁小的问题。

B. 天生就不合适，需要去做性外科整形手术。

12、关于性爱时间

A. 很和谐，都是北京时间，可以一齐准点达到高潮。

B. 不和谐，他是北京时间，你是伦敦时间，总是他达到高潮了，你还意犹未尽。

13、关于性体贴

A. 都很替对方着想，不会光顾自己享受。

B. 基本各顾各，他根本不考虑自己的感受。

14、关于性方式

A. 很和谐，比如一样的激进，渴望挑战高难度，或者一样的温婉缠绵。

B. 很不和谐，你喜欢和风细雨，他喜欢狂风巨浪。

15、关于性爱环境问题

A. 很和谐，比如你们都没有洁癖。

B. 不和谐，比如一人喜欢干净，一人喜欢粗野等。

将你们的选择分值累积，选A加1分，选B不得分，最后看你的得分情况：

性爱黑铁搭档（0-5分）

如果你的得分在0-5分，那么你们远远没有达到性爱门当户对的地步，"同志尚须努力"。这样不和谐，你们甚至要考虑是否在一起的问题了，因为即使如此强扭着，你们肯定也会日渐不快乐。

性爱白银搭档（5-10分）

你们具备良好的性爱门当户对条件，但还有很多方面尚须加强，这样的性爱能够勉强凑合，但要想更上一层楼，你们还需好好努力。

性爱黄金搭档（10-15分）

恭喜你们，彼此天生就仿佛是为对方而生，你们不但软硬件都合格，而且在各方面都有一种奇异的神交意会。所以你们要珍惜彼此的缘分，好好地相爱下去吧。不过，要注意房劳，以免肾虚。

② 五种类型性爱不门当户对改善进阶指南

性器之缘，天作之合

这是物理学意义上的缘分。没有错，一个状如恐龙，一个小如鸟窝，显然这样的男女之间是不门当户对的。美妙之处在于：刚刚匹配，差一分显多，缺一分显少，天衣无缝。这样的性器尺寸匹配，你说如果不是上天鬼斧神工的安排，还是什么？

如果你们的性器如此匹配，那么恭喜你，你们非常门当户对了。

假如性器不合适的改善建议：

① 真的以为物理决定一切吗？不要相信这句话。某著名篮球运动员说：我很矮，但我很灵活。这句话同样可以运用到你们的性爱中扬长避短。如果他是巨无霸，除了必要的润滑技术的运用，你们还可以采取一些特殊的姿势，比如通常认为男下女上式可以让女性掌握更好的进入角度等；如果他是“小个子”，一般来说，九浅一深的操作方法是比较好的刺激方法。听听性学专家马晓年的建议吧：重要的不是深入，而是刺激的地点是否正确，或者刺激方式是否运用得当。

② 修饰私密地带。就像必要的整容可以锦上添花一样，借助科学变得完美，有时没有错。比如流行的阴茎增粗加大术或者某些妇科整容术。但一定要记住去正规医院，不要相信那些网上的庸医。

都有澎湃旺盛的欲望

你们简直是一对绝佳的性爱双打选手，他是一夜七次郎，你是一夜七次女，你们真是华山论剑，棋逢高手，越战越有滋味。

最关键是，即使一夜澎湃下来，你们也不知疲倦。不但是欲望的高度统一，还有体力的般配。如果是这样，谁能说你们不是高度的门当户对？

假如欲望不调的改善建议：

也许你是最近太累，工作压力太大，而他却喜欢天天依赖性减压？没有错，男人就是喜欢用性来缓解压力。越是焦虑的时候，他越是需要性。

或者，你最近成了性冷淡，也许是他正处于身体的亚健康，也许是“男人也有那几天”。这个时候，先缓解你们的生活压力，对症下药，慢慢等待你们的性节奏一致吧。

都是一对敏感的性雷达

没有错，他正在开会，发给你一个短信，说他想了。你立刻心领神会，关键是，你也正想了。于是开车回家，当全世界都在工作时，你们躲在家里缠绵悱恻。

你们是性爱克格勃，当他一个眼神，一个动作抛出来后，你立刻心领神会。无声交流胜有声，全世界除了彼此，只有你们互相读得懂对方的身体语言等。如果是这样，谁能不承认你们是高度性爱门当户对呢？

如果不敏感的性爱建议：

如何变成敏感的性雷达，这需要从今天开始，赶紧升级你们的性雷达装置，让你变成敏感的性雷达吧。

① 听觉：不要只习惯听甜言蜜语，更要学会破译火星人那迂回曲折的语言背后的性号。这就要求有发达的性听觉。

② 感觉：这是最意会不可言传的，也可能是默契，也可能需要靠敏感。俗话说的解风情，就是指互相投缘的男女。

③ 视觉：这就要求你们能够透过现象看本质。他在那里满面潮红，千万别以为只是上火了；他在那里坐卧不宁，千万别以为他有多动症。他和你读得懂彼此的性语言。

性方式高度合作

你们简直是性爱探险家，今天要模仿《色 · 戒》来点高难度动作，明天要来点虐恋，体会临死时的高峰体验。爱被你们做成了万花筒般的探险之旅。

最关键的是，当一方提出想尝试各种性方式时，另一方从来都双手赞成。你们是最好的性爱同盟军，仿佛对性爱充满了孜孜不倦的探索精神。

假如不合作的改善建议：

① 假如一方在性上具有探索精神，另一方却极不配合，那么你需要付出

一些耐心和温柔，让对方慢慢地接受你对于性的无穷尽的探索精神，并且像你一样迷恋上这种探索。

② 影响对方的性观念：为什么你只接受传教士姿势？你或许觉得过多想性是一件羞耻的事情，经常想性的女孩是坏女孩，或者确实觉得性可有可无。接受一些性的正面暗示吧：性感的女孩更美丽，性爱可以让你变得更风情。

总能同时达到高潮

什么都需要学习，性爱当然也不例外。对于你和他来说，也许起初软硬件还不是那么匹配，但是两个人却像双打选手一样，日久磨炼，不但技巧炉火纯青，而且配合默契度更高。同时，解决问题的能力也是旗鼓相当。比如一方遇到性不反应，另一方立刻妙手回春，让对方重新春意盎然。

所以，现在做爱一千回，你们无一例外的回回能同时达到高潮，不差一分一秒，谁说这样的你和他不是高度门当户对呢？

假如不能同时达到高潮的改善建议：

① 他要来了，或者你要来了，不妨等一等对方。延缓刺激，或者分散注意力，总之，“他好，你也好”。

② 掌握正确的刺激方法。如果双方不能一起达到高潮，常常是另一方没有掌握正确的刺激方法。是的，你的 G 点，或者他的爆点，你们都认真了解了吗？

③ 如果他是快枪手，或者你有些性冷淡，那么对于前者来说，加强前戏，延缓兴奋爬坡的时间。如果你对性有些冷淡，或许是因为出生时你所接受的性观念的影响，体力的荷尔蒙分泌程度等。找出原因，慢慢改善吧。

性爱不能门当户对的后天改进三原则：

1. 迁就原则：如果天生有很多硬件方面不合格，那么就改变你的态度。比如一方的性唤起较慢，那么快的一方就不妨多等等对方。各自为政，不以性爱大局为重，难以成为一对和谐的双打选手。

2. 补配原则：天生硬件不合格，难道就一定不能门当户对吗？其实，科学的发明越来越可以改变这一点，比如性美容，比如阴道整形手术，有时候一个小小的手术，可以让你们彼此突破技术困难。

3. 勤学苦练：此精神尤其适用于性的后进分子，比如天生对性不感兴趣，比如性商很低者。如何学习？一是多看性爱指南式的书籍，二是咨询专家，三是自己要有悟性。只有这样，才能有一种炉火纯青的性爱表现。

3 影视史上的经典性爱门当户对

《钢琴课》

这部由法国女导演简 · 坎皮恩执导的影片是奥斯卡电影史上女性题材的一部经典之作。一个视钢琴和音乐为生命的哑少妇，嫁给了一个无法理解她的男人。她内心对爱的需求只能在弹奏被丈夫遗弃的钢琴时才能得到缓解，这时，另外一个能听懂她内心的男人唤起了她的激情，钢琴点燃了两人的情欲之火……

由性到爱，好像很远，其实很近，特别是对一对心灵有默契的男女来说。

《感官世界》

在东京中野的一个小饭馆当女招待的阿部定与吉藏发生了肉体关系，就吉藏而言，起初也许只是想放纵一下自己，可是阿部定却极其留恋他，之所以这样，是因为阿部定通过吉藏才真正体验到了性的愉悦。

两个人多次发生关系，越来越疯狂的投缘性爱过后，阿部定决定杀死吉藏，然后割下他的生殖器留作自己珍藏——这样，他就可以永远属于她了。

一部惊心动魄的由性到爱再到毁灭的影片。性的火焰燃烧的力量有多大，也许永远不是我们可以想象的。

《查泰莱夫人的情人》

性爱的力量在劳伦斯的故事里有着经典的反映，一个守林人和一个贵妇，之所以能超越门第的障碍，产生一种生死般的迷恋，全是因为他们居然在性爱上太门当户对了。

《爱的风暴》

犹太少女卢琪娅，在第二次世界大战中被纳粹关在了集中营。党卫队军官麦克斯为卢琪娅的美貌所打动，以让她活命为条件，将卢琪娅掠为自己的性玩具。随着两人性爱关系的发展，他却渐渐爱上了她。她虽然没有意识到她也爱上了他，但她同样迷恋于和他的肉体关系。

直到后来意外重逢，多年前的性爱记忆全部回来了，又像动物一样的啃唑起对方的身体来，然后宁愿双方一同赴死，也不忍心苟且活下去。这是性爱的风暴还是真爱的力量？

六．EMBA性爱训练营开课了

据媒体报道，包括大导演斯皮尔伯格，汤姆·汉克斯等众多名流的太太参加了一个隐秘的性爱训练班。一班名媛们在著名女性主义者和性治疗专家的带领下，苦练性技巧。据说，斯皮尔伯格等人都极为支持太太们的举动，认为这甜蜜的学习，确实改善了他们的婚姻质量，让他们获益匪浅。

即使你没有汤姆·汉克斯老婆的胆量，但至少参加一次性爱EMBA训练班，对增进你们的性生活质量，很有必要。

EMBA训练课程之1：前戏管理学

学习关键词：如何有效地燃烧前戏？

做公司领导要学会管理企业，当导演也要学会有效地管理剧组，在这样一个流行管理的时代里，私密的性爱生活当然也要学一堂管理课。比如如何管理好你的前戏。

不能太长，也不能太短。太长了，可能在跑马拉松，结果跑得气喘吁吁，发现高潮和终点好像永远遥不可及，激动人心的时候因为等待得太过漫长，已经筋疲力尽而索然无味；太短了，可能还意犹未尽。所以，分寸感和火候的掌控便很重要。

实战演练：

找准他的兴奋点。性爱学家会告诉你，男人的前戏兴奋点或许只有那么几类：比如耳根，乳头，舌尖等，但是每一个男人的性爱偏好却不一样。所以，充分地交流，找准他最易燃烧的兴奋点，是进入前戏课程的重要一环。

挑逗：游戏精神一定要被引进到性爱里来。比如坐在沙发上假装削水果，从他的身后靠近他，或者在黑暗的楼道里偷袭他，都是挑逗的方式之一。台湾性学家许佑生讲过，光是挑逗的种类就有上千种，关键要随机应变。

前戏管理重在细节：他为什么被打动？常常可能是一句话，一个微小的细节。正如很多人说，细节决定爱。所以，打造你的敏感性气场，适时地捕捉他的性爱需要点，是抓住他的重要手段。

EMBA 训练课程之 2：环境控制学

学习关键词：如何有效地布置环境？

现在，不是茹毛饮血的时代。性爱或狂野或浪漫，都需要一个良好的环境。哲人说，人是环境的动物。适时的环境可以催发不同的情欲，所以环境的布置便很重要。它首先应该是放松的，其次还应该是适宜的。

放松：如果一个人在性爱环境中感到紧张，他怎么可能轻松上阵？有一个案例说因为男人总是感觉到隔壁的孩子在偷听，所以总是力不从心。这表明，首先必须创造一个心无旁骛的环境，你和他才可以全情投入。

健康：有很多人喜欢野外性爱，但养生学认为，即使在野外性爱，也要注重风寒，瘴气等。至少不能因为太过激动，受了风寒，结果甜蜜的质量需要大打折扣。

氛围：在古代的春宫壁画里，我们会看到许多卧室里讲究催情环境的重要性。比如红色就更容易让人兴奋，还有地球人都知道的红酒、音乐等。关键是，每一个人对卧室环境要求不一样，会布置性爱环境，基本相当于“引诱”工程成功了一半。

EMBA 训练课程之 3：效率学

学习关键词：如何做一场有效率的爱？

据说，现在德国人越来越流行性爱要重质不重量。这或许是德国民族的严谨，讲究效率的作风应用到性生活的具体体现。对于性爱，到底是要做登徒子，或者流连过许多女人身体依然感叹人生空空如也的唐璜，还是像茨威格的小说《一封陌生女人的来信》中的一夜之后却要用一生来怀念？

显然，后者更具有精神价值的享受。

所以，与其错过一千次贪欢，不如用心好好做一次令人回味无穷的爱——这就是性爱效率学的精髓。

如何做一场令人回味无穷的爱？它的要义有：

听从自己的内心：那些机械性的周末功课，或者为了应付某项差事要做爱，都不是令人回味无穷的。反倒是一次离别时的刻骨需要，一次吵架后的爱恨交织的心酸等，都有可能让性爱来得强烈而爆发。

重质不重量：不需要刻意追求数量。性爱不是读秒器，更不是生产车间挂在墙壁上的产品进度表。所以，适当地禁欲很有必要。分开一段时间，或者刻意地制造饥渴感，那么下一次的亲密会让你们更难忘。

为爱而性，而不是为性而性：著名心理学家罗洛 · 梅认为，现代人有一种趋势就是越来越成为性爱的表演派。他在自己的心理诊所接治过很多病人，他们的性很多，但他们感觉越来越没有意思。到底为什么？罗洛·梅发现，因为很多人把性爱当成一种表演，很多人只是追求技巧，却没有心灵的参与。

锻炼自己感受性的能力：18 岁时，一片落叶飘到胸怀都是一首诗，年纪越大，为什么激动人心的事情却越少了？因为心灵参与太少了。所谓的看山不是山。性爱能否激动你？和你投入的激情和心灵丰富程度有关。否则，再好的性爱对象，因为缺乏感受能力，也觉得索然无味。

EMBA 课程训练之 4：客户学

学习关键词：如何认清你的“客户”？

EMBA 课程里，客户学是学习的必须课程。俗话说，知己知彼，战无不胜。只有首先了解你的客户，才能对症下药。在性爱客户学里，你的“客户”就是你的性爱伴侣。要想投其所好，那么了解他的各项心理便很必要。

男人的性心理包括：

男人很敏感：

表面上，男人是刚强的，但在性爱上，又是弱不禁风的。一个动作，一个微小的眼神，或者一个不洁的细节等，都可以摧毁他的性热情。所以，需要了解一些男人的床上性爱禁忌。

男人很动物：

男人喜欢把性当成减压，或者说，性不仅是征服的手段，也是男人卸下伪装，回复真实自我的手段。所以，他们渴望狂野。所以，“床上淑女”会让男人望而却步。

男人又很伪善：

男人内心里渴望女人在床上狂野，但狂野的把握又需要分寸感。比如，只对他一个人狂野而不能让他想起你的过往性史，比如你的狂野最好让他感觉有些格调而不是低俗。

每一个男人都是不同的：许多男人有隐秘的性心理。有一种铁打不散的夫妻，隐秘的理由就是互相满足了其深层次的隐秘性需要。比如虐恋。但有时候，男人不会说，因为有些隐秘的性心理在他看来，是羞于启齿的。所以，探测、了解他的深层性心理需要是你的功课之一。

EMBA 课程训练之 5：性爱营销学

俗话说，好酒也要好包装，营销学里最重要的就是包装自己。在 EMBA 性爱营销学里，如何让你的性价值得到充分体现？如何让你更有性魄力等，学一套性爱营销学将为你助力不少。

也许你没有环肥燕瘦，那么精心的包装便可以让你增色不少。不要小看了这些包装，丑小鸭变杨贵妃的故事常常就这样诞生了。

性爱营销学里的要义是：

妆容打扮：

性爱专家海蒂认为，性爱打扮的要义是凸长补短。一个女人上床时，总是担心腋毛被对方看见，或者觉得自己的后背不够性感，所以很紧张。这时候，不妨采用一些包装方式弥补或者掩盖这些缺憾。

制造神秘感：

就连卖绿豆饼的商家，明明看见门口排着长长的队伍，也要吊足顾客的胃口，就是不多生产。越是难以得到，人们越是觉得物以稀为贵。男人对于性爱这样，所以，为什么要无条件地满足他？制造一些千山万水的感觉，也是让你身价陡增的办法。

内容为王：

所谓的营销里，最重要的依然是内容为王。否则，只能招致一时的吸引，不能长久地被关注。在性爱营销里，性技巧是其中的关键。性，一定是有技巧的。我们常常看到某一个男人不爱天仙爱丑女，很有可能其中的关键因素便是丑女在性上可以深层次地满足他。

EMBA 课程训练之 6：性爱礼仪学

EMBA 课程里，礼仪学是不可或缺的一环，有修养或者懂礼仪是别人对你印象加分的关键。许多人可以做到在生活中注重礼仪，但在性爱中却不加注意。通常来说，性爱礼仪包括：

你注重卫生了吗？

西方国家的许多情侣做爱前，会仔细地冲洗全身，其消毒之苛刻程度，简直让人叹为观止。虽然不必照搬全收，但你不能让你的伴侣闻到你的口气；不能这边刚吃完大蒜那边就要去和对方接吻；不能没有修饰体毛或者皮屑；不能用尖指甲划破他的皮肤等。总之，男人总是在生理上更接受看起来显得纯洁的女人。

你的穿着得体吗？

好马配好鞍，到底男人是视觉动物还是女人是视觉动物？真正地结论应该是只要是人都是视觉动物。你的内裤要符合性感原则，不要求是蕾丝内衣，也不要求多么华丽或者名贵。所以，如果不知道怎样让自己更性感，至少要保证得体，不至于弄巧成拙。

你的性语言文明吗？

有一些女人在床上简直是男人的红粉知己，她会适时地鼓励对方，比如“你很棒啊”等话，因为她的鼓励，男人表现得更激情；还有一些女人，当男人在床上欲速而不达时，会温言细语让对方平静下来，重新起航。性语言文明用得好，会变成性爱的加油站，是助推剂，套用一句流行语就是：我有我的性语言。

你的举止文明吗？

假如一场性爱结束后，你立刻以生死时速般的速度冲进洗浴间，对方会怎么想？不洁？还是嫌弃自己？总之，他可能会立刻从天堂坠入地下。所以，性爱的举止文明很重要，它的要义是：体贴，照顾对方的感受，做一个床上的善解人意的好伴侣。

七．致五种香味派女人的性爱箴言

很多时候，香是性感的代称。在生物界，有些动物在追求异性时，浑身会散发出一种气味，生物学上叫“引诱剂”，香味之于女人，就好比这种引诱剂，对男人也有着极致的诱惑。

香妃曾经让乾隆“后宫三千佳丽，独宠信她一人”，因为据说她身上总有一种迷人的香气让乾隆神魂颠倒。

唐玄宗被杨贵妃的香气迷倒，特地为她修了一个浴池，装满香水，请她入浴。杨贵妃有多汗症，出的汗可湿透香帕，玄宗感到她的汗都是香的，所谓“泪如红冰滴，汗如香玉流”，还为她修了一座沉香亭。

到底什么样的性爱气味让男人乖乖就擒？是否每一个女人都有一种天生的属于自己的性爱气味？它像传说中的迷魂香，让每一个走近的男人目眩神迷？

1 香水，女人的性感武器

不知从何时起，香水成了女人的第二皮肤，也成了女人心情诠释的晴雨表。喷香水成为现代都市女性最基本的礼仪，远远飘来女人香，挑逗着你的味觉，刺激着你的感官，让人期待，让人浮想。于是女人男人无不感谢香水的发源地——法国。

香水女人是一种风情。在芳草青青的春日雨后，迎面走过来春花般烂漫的少女，飘着青苹果的香气；香烛灯影，葡萄美酒夜光杯里出现一袭黑衣女子，衣袂翩然处散发出神秘的龙涎香，或性感的麝香，风情万种，使人心驰神摇。

所谓闻香识女人。每一种香水代表世间每一类女子的性格，或神秘，或清新，或妖冶，或娇羞，是无声的歌吟、流淌的霓裳、热情的花朵、缠绵的尤物，是那样让人难以忘怀。

香水从女人灵魂深处散发出来，如悄然翻飞的蝶舞，表达着女人的心情和期盼。莲步轻移，香韵袅袅，这世界，因有了香水，女人便也更像女人了。

著名的夏奈尔女士曾经讲过一句惊世骇俗的话："不擦香水的女人没有未来。"一个衣着优雅的女人，同时也应该是一个气息迷人的女人，没有味道的女人没有未来。

2 光影流年，看看你是哪一类电影中的香水女人？

娇艳狂放型

代表女性：埃及艳后之克娄巴特拉

经典电影：《埃及艳后》

经典香水：香奈尔 5 号（Parfum）或紫毒（Posion）女士

美丽的埃及艳后克娄巴特拉每当温柔时刻，总不会忘了在她的船帆上洒满香水，制造梦幻迷人的陷阱，也因这芬芳气息的迷惑，因这个美人的千般风情，至少恺撒与安东尼在这种精心制造的温柔乡中透透彻彻地全身心地沉醉了，艳后在毒蛇似的浪笑声中满足了她强烈的政治欲望。香水发挥了它的神奇作用。

你的性感味道：

你或许就是俗称的"狐狸精"。穿着入时，珠光宝气，每一寸肌肤都透出风骚，每一个眼神都散发春情。很懂得运用香水的技巧，选用的香水常带有浓烈的迷人气息，不仅令自己陶醉，还时常令定力不足的男士拜倒在其石榴裙下。

给你的性爱箴言：

① 对于男人来说，你是毒药，在擒拿男人的路上，你通常无往而不胜。但要注意的是，不要让男人觉得你是一次消费品，让他有太多的风尘联想，不然欢爱过后，在寂寞的夜里独自哭泣的那个女人常常就是你。

② 记住，男人通常喜欢女人在卧室里像荡妇，但是性幻想和被他娶进家门，常常是两回事。即使你容易成为性的革新派，但会给男人压力，因为他

们觉得你不好掌控，所以偶尔示弱一下吧。

③ 每一个人都希望自己被别人重视。你通常具有一种电眼，望过去，全场都觉得被你注视，每一个人又都觉得你只在注视自己。所以，充分发挥你的电眼魅力。

独立坚强型

代表女性：闻香识女人中的女教师

经典电影:《闻香识女人》

经典香水：Caron 的"石之花"

女人对于香水的缕缕情愫在电影《闻香识女人》中得到淋漓尽致的表现。影片中的经典是史法兰找回生活下去的勇气和力量时，从赞赏他的女教师身上闻到了最让他心动的味道——来自 Caron 的香水 Fleur de Rocaille，译为"石之花"，绽开在碎石中的花，在逆境中盛放的花，不妥协的花。中校心中的花找到了，纵然眼前世界仍然一片黑暗，他已经能够从容地面对。

你的性感味道：

你成熟，喜欢思考，服饰得体，仪态大方。不刻意追求流行，为人和善谦恭。不一定每天都用香，但用时较注意场合与时间上的把握，其香气与自身的性格、年龄和职业相对应，是典型的成熟女性的象征。喜欢选用大卫杜夫冷水女人香水（Cool Water），或真我（J' adore）女士香水。知书达理，成熟稳重，外刚内秀，韵味深长。行为处事自有分寸，对生活充满期待。属于需要仔细阅读和品味才能读懂的"第二眼美女"。

给你的性爱箴言：

① 你的品位常常吸引男人，所以发挥自己的优势，来点琴棋书画，调节性爱气氛吧。

② 来点制服游戏，比如女干警，女教师或者女律师，他之所以迷上你，常常觉得你的坚强很让他有安稳感。

③ 给他一些红颜知己的温暖，比如性爱后和他谈心，会让他更觉得找到心灵的慰藉。

优雅淡定型

代表女性：克拉丽斯

经典电影：《沉默的羔羊》

经典香水：NINA RICCI 的“光阴的味道”

影片中，当汉尼拨初次见到克拉丽斯的时候，他闻出克拉丽斯使用的香水是 NINA RICCI 的“光阴的味道”——一款非常经典的法国香水，出品于1948年，以无上优雅而著称，香气不浓不淡，如同风吹过浮云般淡定而从容。淡定而从容的味道与克拉丽斯的局促装扮显得如此格格不入，但对于在贫寒环境中长大的她而言，这份无上优雅却是一种安慰和期盼，是引导她自救的一种方式。

你的性感味道：

你冷艳中透出丝丝幽香，将自己的风情淋漓尽致地展现，给人一种无法抗拒的魅力。长期浓厚的艺术氛围陶冶出清新脱俗的气质，富含变化的文化底蕴突显出明丽秀美的外貌，行事果敢，判断力强，不喜欢随声附和，遇到知音时才会袒露心声。属于典型的百看不厌的“第三眼美女”。

给你的性爱箴言：

① 你常常很冷，所以学会在性爱中开放自己，释放自己。为什么要像个套中人？为什么不可以像热带阳光下的西西里女郎一样，勇于热爱身体？

② 保持你的神秘感吧，这就是诱惑力的体现。所以，欲擒故纵符合你的本性。

③ 穿一件露背装，或者秀一秀大腿的长裙，心灵的性感革命先从服装革命开始。也许明天走进办公室，让男人躲不开目光的那个女人，就是你。

温暖平和型

代表女性：弗朗西斯卡

经典电影：《廊桥遗梦》

经典香水：Prince Matchabelli 的“风之歌”

罗伯特与弗朗西斯卡深沉而热烈的感情，犹如“风之歌”，平静中带出一丝魅惑。

电影中，弗朗西斯卡用的香水是 Prince Matchabelli 的“风之歌”，谈不上多么经典迷人，却一直以低廉价格沿传至今。这是一款诞生于 1953 年的老香水，味道平淡如水，却在静默中蕴涵着热烈，有一丝妩媚，有一丝魅惑，最后又徐徐归于平静。或许这就是主妇的味道，为了她珍视的家庭，而把最炽热的爱藏在心底，多年之后，那缕香气依旧久久不散。

你的性感味道：

你像邻家大姐，温暖，朴实，让人感觉亲切。你满足了男人儿时的梦想，即不管多么淘气，回家总有母亲温暖的怀抱。你安静，有一种淑女的风范。可能让男人想起古典香水，那种香气需要慢慢品尝，愈品愈香。

给你的性爱箴言：

① 你常常是典型的贤妻良母，所以男人喜欢你的温柔体贴。发挥你的优势吧，在欢爱后递上一碗爱夫汤，很符合你的本性。

② 不妨有一天来点革新或者变化，"主妇也疯狂"是日常平庸生活的亮点。

③ 缓慢，重视前戏。为什么要一下子让他看到本质？慢慢地打开自己，像廊桥遗梦里的弗郎西斯卡那样，保守也是一种深藏不露的诱惑。

甜美纯情型

代表女性：轻舞飞扬

经典电影：《第一次亲密接触》

经典香水：Dior 的"欢乐之源"

片中欢舞在香水雨中的场景最为经典：当痞子蔡倾尽所有买来"轻舞飞扬"最爱的 Dolce Vita 香水时，从深爱的人那里得到一瓶饱含爱意的香水的念头就开始悄悄折磨银幕外的人们。女孩都希望像女主角一样，在头顶洒过一片香水雨后翩然走过。

Dolce Vita 是 Dior 公司第十四号香水，圆球形的瓶身设计，无论是色彩、曲线还是香味，都令人爱不释手。由百合、木兰与玫瑰组成的花香型香水，混合了杏、檀香、肉桂、琥珀与香子兰等香料，带着一点点阳光般的朝气，散发出欢乐开朗，沁人心脾的芬芳，使周围的人感受你如阳光般绚烂的幸福气息。

你的性感味道：

你的外貌不一定靓丽，但一定是青春阳光可爱的，喜欢休闲的服饰，时刻透出运动的朝气；你天生纯情，造就了得天独厚的优势，可爱活泼的性格，惹人怜爱；思想单纯，对许多事物都有着强烈的好奇心，喜欢把自己放在一个个编织好的美梦中。你属于不需要眼睛看，就有大批追随者趋之若鹜的“标准美女”。

给你的性爱箴言：

① 当他想要时，很天真地望着他，你要干什么？这样让他更欲罢不能。

② 虽然不必像蔡明春晚表演时那样打扮成樱桃小丸子，但假如他喜欢的话，偶尔来点卡通或者哈韩哈日造型当然更容易给他带来惊喜。

③ 让他主动。喜欢清纯型的男人，通常更渴望在性爱中处于主导地位，白衣飘飘是他们的性幻想情结。

男人喜欢什么样的香水女人？

美国某著名广告公司最近对100多位都市男士进行的一项调查，就是针对女人使用香水而进行的。百多份问卷，涉及各行各业的15到55岁男人。且听男人们如何说。

55%男人认为，近年大热的玫瑰、茉莉花、熏衣草香型，是“老人味”，令人忆起过世的老祖母。

80%男人根本不在乎他们的女伴用何种香水。他们认为，所闻到的体味，只要是干净的、清爽的，就可以了。

50%以上的男人认为，香味是整体的，包括擦香水本人的外貌与品行。

70%的男人不承认他们对香味有记忆。

60%男人认为，赠送香水，是很私人的举动。应限于亲人及女友。

35%男人认为，送亲密的女友或妻子香水，有敷衍了事之嫌。

75%男人认为，不停补搽香水的女人，令人生厌。

60%男人承认，床笫间，芬芳的女人，令人倍感温馨。

68%男人认为，光滑的肌肤，比香水更能令人兴奋。

50%男人认为，女人搽香水，是注重个人外表的表现。

35%男人认为，女人搽香水，是遮掩体臭。

仅5%男人认为，女人搽香水，是个人标志。

90%男人认为，女人的香水柜台，犹如迷魂阵，要挑出一款中意的香水，简直是“不可能的任务”，若不是有备而来，几乎都是靠专柜小姐推荐。

根据调查结果分析，对男人而言，最喜欢闻到的香味依次是：

第一：沐浴后，淡淡的肥皂清香，给人一种干净、清爽的感觉。前三名香皂为 Olay，Dove 及 Lever2000。

第二：青柠檬，淡，却令人神清气爽。

第三：混合花香，很女人味，因分不清到底是哪一种花香，给人神秘感。

最不愿闻到的香味：

第一：含酒精味重，或熏得人昏昏欲睡的甜香。

第二：玫瑰、茉莉、熏衣草，给人“老人味”及“旧衣”的味道。

第三：人工合成香料，如草莓、西瓜、甜橙等的果实味。

第3计

读懂男人心

男人通常觉得女人在夫妻生活中，喜欢用间谍术，比如用尽了千般的委婉与缠绵，让男人不得要领。笑话里说，有个妻子老向丈夫抱怨头痛，憨丈夫不明所以，去买回了一些治头痛药。他不知道她其实只是需要身体关爱。

其实，男人也一样，喜欢在夫妻生活中沿用“曲线救国”术，只不过，男人的表现和女人不一样。

一．男人的“曲线救国”性爱心理

男人通常觉得女人在夫妻生活中，喜欢用间谍术，比如用尽了千般的委婉与缠绵，让男人不得要领。笑话里说，有个妻子老向丈夫抱怨头痛，憨丈夫不明所以，去买回了一些治头痛药。他不知道她其实只是需要身体关爱。

其实，男人也一样，喜欢在夫妻生活中沿用“曲线救国”术，只不过，男人的表现和女人不一样。

方式 1：他总说自己工作太累了

这是大多数男人喜欢对今夜表现不佳所用的托辞，如果你从浴室里出来，长发飘飘，穿着性感的浴衣，并且热眸如火地望着他，但他总是情绪不佳的话，他很可能会告诉你，他的工作太累了。

你可能会迷惑不解：真的是这样吗？大多数时候，他都是性致盎然的，为什么一个月总有那么几天，他就说自己工作太累了？

分析：女人不想过性生活时，可以用诸如“来例假”等理由推辞，但我们的社会文化一直在暗示男人好像是性动物，他任何时候都应该处于性唤起的准备状态。文化不让男人对女人的性等待说不，否则就不像个男人。

然而，专家的研究发现，男人和女人一样，同样有性的不应期。男人也会有“那几天”，他的生理周期到来时，对性提不起任何兴趣。本来，男人完全可以理直气壮地告诉女人，自己的身体不舒服，所以不想做，但是他们担心这样说，会损害自己的形象，所以只能以工作太累为借口。

方式 2：他有时装作对性不在乎

男人喜欢用“泡妞”来形容对待女人的态度。一帮男人在一起开开玩笑，议论的是甲男和乙女的风月事，明明甲男喜欢乙女，但是如果其他男人问甲男，是不是被乙女迷住了时，大多数的男人会说，怎么会呢？我怎么会迷上她，我只是和她玩玩而已。

男人在其他场合说的这些话一旦传到和他相好的女人的耳朵里时，女人们肯定会大惑不解：明明他在吸引我上床时，总喜欢一口一个“我爱你”的海誓山盟，为什么一离开了床，到了他的狐朋狗友中间，就变了另一副腔调呢？

对于男人来说，哪些关于他性生活的感受是真实的呢？

分析：我们这个社会，至今依然是男权社会，男人歧视女人的心态短时间不会立刻荡然无存。男权社会的表现有许多，其中有：一，男人是不能轻易流露感情的，要装作酷而深沉，否则不像个男人；二，男人是不能在乎女人的，如果在乎女人的话，也不像个男人。

所以，男人们之间开玩笑时，男人会刻意夸大和某女人的亲密只是一场性游戏而已，以显示自己的玩世不恭，冷漠和坚毅。这符合我们社会对于男性形象的期待，所以男人越是表现得对女人不在乎，不在性生活中轻易动感情，在其他男人面前才会更有面子。

但男人们为什么又在床上对女人说一些意乱情迷的话呢？因为那种时候才是男人真实感情的真实流露，而且男人也明白，女人是在乎感情的，男人只有披着感情的外衣和女人交往，才能把一个女人带到床中央。

方式3：他说自己喜欢主动的女人

有一天，你和老公一起翻杂志，老公说自己喜欢在性生活中主动开放的女人。新时代嘛，男人也不再只喜欢做掌舵者。于是有一天晚上，你精心打扮了一番，依照某本国外女性杂志的教导，扮作阿拉伯神话中的女巫去勾引老公，老公下班回家推开门一看，吓了一大跳，以为你神经有问题，结果那天晚上，老公将你冷落到一边，独自看电视。

你满心委屈，问老公：“你不是说，喜欢我主动一些吗？为什么我主动了，你又不喜欢了？”

你的老公说：“我觉得你还是像以前一样更可爱，突然这样的改变，让我还真有些接受不了。”

分析：传媒这些年总是狂炒男人喜欢妻子在卧室里像个荡妇，主动一些更可爱。但更多的访谈表明，那只不过是男人适应女性解放潮流，呼应女性主义运动的一种姿态。当女人在性生活中开放并且富于创造性时，男人们旧有的对性的设计便被动摇了，男人们因此陷入迷茫之中。一方面他们习惯了在性生活中去掌控女人，另一方面，他们又担心女人在性生活中的创造性不知要把自己带向何方，他们担心自己会失去以前在性生活中的主导权。

所以，对于女人来说，性爱也要“对男下药”。有的男人喜欢女人在性生活中主动，但有的男人可能依然喜欢女人被动一些，因此女人如果盲目，反倒会扫了男人的性趣。

方式4：他说他只是抱抱而已

你还记得第一次和未婚夫安锐发生性爱时的情景。那时，你特别想把这第一次留在新婚第一夜。你不是个保守的女人，但是这个时代的性已经从286电脑的速度变成奔腾的速度，太快了，你希望自己慢一些，况且，你担心自己会因此受孕。

但那天晚上，未婚夫安锐说，我们只是在床上抱抱而已，绝对不真正做爱。安锐对天发誓，态度诚恳，你觉得自己再不迁就他，就实在说不过去了，于是，你们上床抱在了一起。

安锐先是表现得对前戏足够的忍耐和体贴，但是他的动作变得越来越得寸进尺，你想阻止他，可此时已经回天无力。后来当一切发生后，你才醒悟过来，两个相爱的男人女人，到了床上，怎么还可以只是抱抱而已呢？

分析：男人希望和女人上床时，如果女人表现得有些勉强，男人通常的借口是：我们只是上床抱一抱，绝对不会有深入的接触。但是女人们很快会发现，这一切只不过是男人的借口，实质的性行为往往就此发生。

生物学上的研究发现，男人在出现性意念时，会产生一种叫荷尔蒙的物质，荷尔蒙在男人的体内蓄积时，生理驱动会催使男人“将性爱进行到底”。所以，大多数的男人如果说“只是抱一抱而已”，那不过是借口而已。

方式5：他穿着内裤在你面前走来走去

这天晚上，他从浴室里出来，身上飘着沐浴露的芳香。你正在忙于照顾孩子，或者忙着做家务，他古铜色的肌肤在灯下闪闪发亮。他围着一条浴巾，红色的内裤性感而耀眼，你可能心思过于集中在孩子身上，没有注意到他焦灼地在你身边走来走去。他甚至不经意间做些亲热的小动作，比如当你在厨房洗碗时，他偷偷地从身后抱住你，然后将头埋在你的秀发里，你明白他在想些什么吗？

分析：有的男人可能会直奔主题，但大多数的男人是用身体语言示爱的。婚姻研究专家认为，结婚多年的夫妻，会在身体语言上形成默契，所谓的“夫妻感应效应”。不同的男人渴望性爱的身体语言不同，但是相同的是，他们会做些小动作，会显得心神不宁，焦虑不安，做妻子的如果能及时捕捉到他发出的“性号”，并且迎合他，一场火辣辣的性爱便在所难免了。

方式6：他承认他错了

夫妻过日子，免不了有些磕磕碰碰，但是俗话说“夫妻吵架，床头吵床尾和”，有什么恩怨不可以化解的呢？

这一天，你们为了周末回他家还是你家看望父母的事，争执了大半天。最后，两个人越吵越凶，盛怒之中，他摔掉了一个茶杯，还差点打碎了你们的结婚照。你无论如何也想象不出他会作出这样的举动，在你哀伤地喊出“过不下去就离婚”，他说“离就离”时，你们惊天动地的争执就此告一段落。

然而，当你趴在床上伤心地抽泣，甚至准备收拾东西搬到宾馆去住时，你看见他走进来，拉拉你的手。你要收拾东西，他拦住你，实在拦不住，他就干脆抱紧你；你对他的胸口花拳绣腿般一阵猛打，他故意挺直胸膛，让你使劲地敲打。总之，他就是不开口承认他错了，哪怕他为此受你的“虐待”，你真不明白，男人说一句“我错了”为什么就这样难？

分析：男人从小被教导着要做“天不怕地不怕”的英雄，所以，哪怕他做错了什么事，也要“死要面子活受罪”，自己默默承担。我们的文化中又缺乏“直面现实，勇于承担错误，学会自我批评”的勇气教育，因此，男人做错了什么事情，主动承认错误仿佛是一件很伤自尊的事情。

怎么办？男人只有用肢体语言来表示他的内心活动，他主动抱抱你，拉拉你的手，就像两个小孩子吵架一样，他已经承认他错了，只是他没有勇气说出来，所以，你如果觉得可以原谅他，就给他一个台阶下吧，毕竟，夫妻之间有什么深仇大恨是不可以原谅的呢？

方式7：他也是个撒娇的孩子

在寂寞的夜里，你发现他突然变得无比忧伤。他将头埋在你的怀抱里，显得无比脆弱。他看起来像个孩子，安静、无助、缠绵。你一时之间还适应不过来他的转变，因为大多数时候，他显得豪气冲天，为什么此刻，他把你当成母亲一样，如此依赖你呢？

分析：当一个男人在他心爱的女人面前表现得像个孩子一样时，比如撒娇、依赖、哭泣时，请女人们坚信：他一定是因为深深地爱你，信任你才这样做。

长期以来，我们的社会一直在强调男人要做钢铁硬汉，男人不能流泪，不能情绪化，所以男人戴着厚厚的坚硬的盔甲在社会生活中风来雨去。但无论盔甲多厚，掩盖不了他的一身血肉之躯——男人也有脆弱的时候，他不是永远坚强的神。

但是男人很少在外界流露他的脆弱，因为那样，他会被嘲笑为不像个男人，所以男人只有在爱上一个女人，对她完全地信任，才会放松下来，展示自己的脆弱、孤独和忧伤。此时他孩子的天性展露无遗，他渴望女人的母性的宽容、仁爱和无私的接纳。

所以，如果你爱他，当他在你面前撒娇、脆弱时，请及时接纳他，不要感到不自然，因为这是他向你展示他最真实的内心的时候。

二．万圣节：识穿男人的“面具性爱”

据美国《门罗新闻报》报道，每年万圣节，不少淫贼头戴妖魔鬼怪的面具对少女上下其手，夺走不少少女的贞操。这独特的节日让警方伤透了脑筋，因为面具的掩护，不少少女受性侵害后根本不知道对方是谁，这也让警方背了不少骂名。

其实，在现实生活中，许多男人何尝不喜欢戴着性爱面具？他们打着各种各样的旗号，最终目的只有一个——做爱？这时候，你该如何迎合他呢？

面具性爱 1：你和我做爱，你就会更爱我

亲爱的，让我看看你的后背好吗？

这是他通常哄骗保守的你上床的借口。在你和他的恋情中，你一直对他若即若离。有一天，他情意绵绵，大有攻破城池的决心。他在你耳边温柔地说：如果你和我做爱，你就会更爱我。你可能不解，难道，性真的在你们的

关系中有那么重要的作用吗？难道，真的和他上床，你就像传说中的那样，对他如痴如狂，然后嫁鸡随鸡，嫁狗随狗吗？

面具性爱 2：性是和事老

晚上，你和他吵架了。在你看来，他实在太不像话了，拒不认错不说，还嬉皮笑脸地把你朝床上抱。一番云雨下来，他呼呼大睡了。道歉的事情似乎被他抛到九霄云外去了。你在黑夜中辗转反侧，这到底是怎么了？怎么又一次轻易让他逃过了实质性的问题，通过一场性躲过了本该认真解决的生活冲突？

面具性爱 3：他比你伟大

你是公司的高层，他是普通小职员；你月入六万，他月入三千。本来你没有觉得什么，可是你发现结婚后，性对于你来说，仿佛成了一件痛苦的事情。他经常要尝试一些暴力的方式，而且每次一定要让你夸奖他多么勇猛能干。你感觉他把性当成了一种表演，而且你有一天惊奇地发现，他居然服用万艾可——虽然看样子他根本不需要。

这是怎么了？为什么这个男人在性爱里，有如此夸张而痛苦的表现呢？

面具性爱 4：离婚了，就别再来找我

有一天，你觉得你们的关系无法维持了。他苦苦哀求，眼看无望挽回你们分手的结局后，他提出一个请求：他要和你最后一次发生性关系，然后绝对不再来纠缠你。

你心软，再加上想到也是最后一次，所以就答应了他吧。那天晚上，你感觉他无比痛苦而又悲伤，仿佛倾注了生命的激情和愤怒，也仿佛在发泄一样。你很不解，为什么在这样的时候，男人还想着这种事情？真的这会是最后一次吗？

面具性爱 5：老婆，那片风景很不错

他带回了一些情色片，家里仿佛开始了一场情色片观摩计划。他说哪个女主角如何开放，在床上的表现怎样风情万种。

你有些不解，怎么他满脑子想着性？直到有一天，他让你模仿那些情色片的女主角时，你才恍然大悟，原来他在进行一场洗脑计划。他希望更丰富的性爱，但他不好意思直接指明你在性爱创意上过于保守。

面具性爱 6：爱我就不要戴套

有一天，他希望和你发生性关系。你也爱他，当然是不好拒绝的。但在戴安全套的问题上，你们发生了分歧。你觉得应该戴安全套，这样能够保护自己。但他不愿意戴，他说：难道你还不相信我吗？难道你不足够爱我吗？

你当然是爱他的，于是你放弃了自己的健康主张。

结果是你怀孕了。在那段惊心动魄的日子，你在手术台上痛得大哭小叫。你非常悲伤地想，为什么男人常常容易以爱为借口，满足自己在性上的一己私欲呢？

面具性爱 7：老婆，明天我想买车

这天晚上，你享受了女王般的礼遇，他小心，殷勤，极尽温柔之能事。不过，事情办完后，他并没有睡，在枕边他小心翼翼地提出，能不能把家里那点私房钱拿出来，去买辆越野车？他一直想加入越野车俱乐部，虽然你从一开始就极力反对他把心思用在这无用且危险的爱好上？

可是，在那种柔情蜜意的气氛下，你简直不知道如何拒绝他为好？

问：在此之前，我就听说他是有名的花花公子，本来我是不打算和他约会的，可是他却拼命追求我。终于有一天，我答应和他上床后，他却从此对我越来越冷淡了，并且我听说他四处吹嘘如何搞定了我，他为什么喜欢耍这样的“性阴谋”？

答：有些男人会以和多少个异性上床来测试自己的魅力指数，你可以说他对自己不自信，所以只有通过这种方式证明自己；你也可以说他道德败坏，把女人当衣服，穿上又脱下。但是男性文化中确实流传着这样的规则：即那个让许多异性臣服的男人，在道德上无伤大雅，反倒要受到他兄弟们的喝彩和羡慕。

对于这种男人，你要做的只有一件事情：坚决不让他的面具性爱得逞。

情爱班会：男人性爱面具六人谈

色男

汤米：有时是羞于启齿吧，男人一方面想得到，一方面想维护性自尊，所以只好采取一些委婉的方法。

GG：不叫性爱面具，叫调情。比起直接邀约性，这样隔山隔水的方式，更能让我感觉一种朦胧美。

凯文：我倒会直接运用面具的方式和她做爱，比如扮成阿拉伯王子或者加勒比海盗。她告诉我，当我这样和她做爱时，让她感觉新奇而刺激，能够获得一种全新体验。

欲女

娟娟：看看他戴着性爱面具的目的吧，男人都有些性弱点，只要无伤大雅，接受未尝不可。

琳达：我会有我的性雷达，所以即使他戴着性面具，但我总能一眼洞穿他的性心思。就像《男人进卧室向左，女人进卧室向右》一书中所说，男人女人的性表现大不同，但还是有规律可循。

露露：他对我说"我只是想整晚抱着你"或者诸如"帮我擦背好不好？""我的拉链乱成一团了"等之类的话，我就知道他想和我做爱了。

男人的面具性爱破译方案

1. 听觉：不要只习惯听甜言蜜语，更要学会破译男人那迂回曲折的语言背后的"性号"。这就要求有发达的性听觉。如果他戴的性面具，你误读成了其他信息，对不起，赶紧改装你的识别系统。

2. 分析和过滤：有些男人的性面具，不需戳破，只需要意会就行，还能因此有一场风情万种的性爱；有些男人的性面具，目的不纯，可能对你造成伤害，那么这样的性面具，还是揭下它为好。

3. 调情：即使有时读懂了男人的性面具，也要装作不懂。性爱要的就是那种微妙和默契，意会比起明说更让人回味无穷。另外，面具性爱要讲究环境，心情，随机迸发的灵感等。如果明知道对方的性需求，暗地里配合，表面上却欲擒故纵，这样的调情才会是高手相逢，华山论剑，越调越有滋味。

三．应对男人的 8 个性爱怪癖

约翰·格雷博士有一本书叫做《男人进卧室向左，女人进卧室向右》，讲的就是男女性习惯的差异等。

在女人看来，男人经常有一些让女人无法容忍的性怪癖。比如过于迷恋性爱数字；在亲人离世后居然还想着那种事情；或者迷恋性爱风水等。这到底是为什么？当你的男人有以上一些性爱怪癖，你该如何面对？

怪癖 1：他有性爱数字焦虑症

现象：

她的男友在上床前，经常念念有词。起初她以为他是念九阳真经，后来才知道他是默念冲刺数字，仿佛不到 60 次不够及格。男友也说觉得只有达到 60 次才对得起她。

另一位女士告诉我，她的老公总喜欢揣着怀表上床，一边冲刺一边盯着怀表倒计时。够半个小时吗？她感觉他像个长跑选手，刘翔希望跑得越快越好，但是她的老公恨不得跑成性爱马拉松选手，一趟性爱从中国的东北跑到三亚的天涯海角才好。

应对：

男人之所以如此迷恋性爱数字，和男人从小的雄性竞争意识有关。性爱要独占鳌头，否则就不够格，否则就不像个男人。男人们聚在一起，常常会炫耀自己是个性爱高手，以持续时间长为荣。每个男人都接受了“时间越长便越像个男子汉”的观念。

能影响他的还是你的性反应。告诉他，不需要他跑成性爱马拉松，你已经很快乐了，他就会及时停止对性爱数字的追逐。痴迷性爱数字的男人多少有些性自卑，你的赞美和鼓励是他获得性自信的灵丹妙药。

怪癖 2：男人也有高潮强迫症

现象：

在罗丝看来，她的老公恨不得像理财记账单一样，给自己的每次性爱高潮记账。初一有过一次高潮，但是十五没有？“有一些漏网之鱼吗？”他忧心忡忡地说。在罗丝老公看来，如果一个月四次性爱中，有一次性爱没有达到高潮，那么恨不得推翻重来。“不能有一次达不到标准。”他攥紧拳头，咬牙切齿地说。

而且他特别迷恋自己的高潮强度是否符合国家标准。“是的，我有高潮，但是每一次都好像强度不高。”在他看来，真正的高潮应该是海啸一样，天崩地裂，但是他的高潮仿佛闷雷，悄悄地震动一下，就没有了踪影。

应对：

正如工作强迫症患者往往是完美强迫症者一样，高潮强迫症者在性爱中也“宁可错杀一千，不可漏过一次”。美国性学家金西认为，人的一生中有几次刻骨铭心的高潮就不错了，很多时候，性爱质量平平，也许这就是性爱的宿命。每一次都要求高质量，无异于和自己或者伴侣较劲。性爱如果一定要量化出国家标准，实在是庸人自扰。

告诉他，性的敏感力既来自先天，也来自后天的训练。如果他对高潮的感受不那么强烈，尝试做以下一些事情：1. 短时间的禁欲，“期待性爱”会让真正的性爱来临时，高潮感受更加强烈。2. 是否最近工作太忙了？那么，不要下班后做爱。许多男性工作疲惫，身体麻木时，勉强性爱感觉不到快乐。反倒是夜深人静休息好后，放松的身体对于高潮的体验更加强烈。

怪癖 3：他是性爱探险家

现象：

他简直是性爱探险家，今天要模仿《色 · 戒》来点高难度动作，明天要来点虐恋，体会临死时的高峰体验。爱被他做成了万花筒般的探险之旅，可是在你看来，性爱应该是轻风明月般的浪漫和吟诗作画般的风雅，至少除了传教士姿势，你实在想象不出还可以用其他什么样的姿势。

你甚至怀疑他脑子里都在想些什么？难道男人就喜欢追求新异而奇特的刺激吗？你们的床上战争正在激化：他觉得你太保守，平淡如白开水，你觉得他满脑子都是花花肠子，非要闹点性伤残事故出来才肯罢休？

应对：

除了保证安全，还有什么不可以尝试呢？男人做得没有错：找到你们的花样性情。性学家克里安说过：在这方面，女人确实应该向男人学习，正因为男人不断的性爱探索精神，使他们看似永不满足，并成为性爱推陈出新的原动力。

追求性爱探险固然值得提倡，但更要提倡安全第一。不要一味模仿高难度动作，时刻把“安全第一”原则作为性生活的中心点。另外，要注意健康性爱，无论你们采用什么样的方式，但首先是健康的。比如有很好的卫生措施，有很好的性健康防护措施，性爱之后，不用担心患上疾病等。

当然，你接受不了他的性方式时，一定要坦诚地告诉他。切忌说“你怎么那么流氓，成天就想着这事”之类的话，这样会让他的性热情很受伤。

怪癖 4：他喜欢床上说粗口

现象：

你是床上淑女，可是偏偏找的他却是一个床上猛男。他信奉如暴风雨一般才能显示一个男人的英雄气概。所以，他喜欢满口粗话，喜欢把爱做成一场力搏般的拳击运动。他以为所有的女人都喜欢力量，但是不知道你更喜欢床上的绅士。

你不知纠正他多少次了，但是幻想中的良辰美景奈何天没有出现。你有时更盼望他像《情人》中的梁光辉：温柔、缠绵、体贴、耐心等。

应对：

他可能是一腔好心，只是用错了方式。把矛盾改成一次性爱民主恳谈会吧，比如告诉他，你更喜欢轻柔的和缓的方式。你并不喜欢他用这种方式显示自己的男子气概。男人总希望自己的表现能让女人心满意足，他们不害怕改变，但害怕不知道怎么做。

性爱喜欢说粗口的男人，往往内心有些暴虐倾向。他是大男子主义者，在他看来，女人就是要征服的对象。如果你感觉受辱，指出来让他改正。

怪癖 5：他迷信性爱风水

现象：

艾琳觉得很郁闷，她的男友简直是一个性风水大师。比如他迷信卧室应该怎样布置才是最佳的做爱环境？枕头边要放怎样的生肖玩偶才合适自己等。总之，家里弄得像一个性爱风水宝地，只有在风水齐佳时，男友才能有上乘表现。

更让艾琳哭笑不得的是，有一次她主动暗示男友想亲热，但男友算了算日子，说今天是惊蛰，不是性爱黄道吉日，不合适做爱，会流失元气，损伤身体。为此，艾琳差点没和这个可爱的性爱养生先生分手。

应对：

他之所以如此迷恋性爱风水，有些或许是迷信，有些却是融合了心理学，家居美学的性爱常识了。他是传统性知识的爱好者，就像女性有时迷信一种奢侈品的使用价值。

所以，首先分清楚他对于性爱风水的迷恋，哪些是科学，哪些是不必要的过度迷信。如果说前者，尊重他；如果是后者，该带他去看心理医生了。

怪癖 6：他喜欢在高楼旁做爱

现象：

在刘佳的女友看来，似乎每一个男人都有性怪僻。刘佳的性怪僻是：他喜欢在透明的高高的阳台窗户旁做爱。

之所以这样，是因为在刘佳看来这非常刺激。仿佛全世界都在身下，在最高潮的一刻，有幻化成仙的感觉。而且越是担心掉下去，越因为紧张的心理感到刺激。但刘佳的模特女友有晕高症，每次当刘佳提出这样的性要求时，她就觉得自己要服镇静剂，担心一不小心，自己就赤身裸体摔落在繁华的国贸大街上。

应对：

男人们的性，在很多时候并不仅仅是生物能量的发泄，它是否高质量，能够成功与否，很大程度上更是依靠想象以及想象背后的心理作为支撑。喜欢在高楼的窗户边做爱，男人可以在更高的与天接轨的空间中，获得一种想象中的伟大。

如果你不喜欢，那么直接告诉他你有恐高症好了。如果你和他一样感到刺激，那么最重要的是记住安全第一，千万不要在忘乎所以时产生性意外事故。

怪癖 7：他愈挫折愈疯狂

现象：

27 岁的小艾说：“那是去年的冬天，我的婆婆突然因为心脏病去世了。丈夫一生最敬重的人就是他的母亲，因为父亲去世得早，是母亲从小一手把他带大。母亲去世那天，他哭得天昏地暗，几次晕倒过去。葬礼结束后的那天晚上，他回到家，不知为什么，变得特别疯狂，要一遍又一遍地和我做爱。我虽然顺从了他，但是心里非常纳闷，为什么在这样悲痛的时刻，他有心情做这种事情？”

应对：

千万不要以为这是由于他成天想着这种事情，满脑子里都是花花肠子。有时，男人愈挫折愈疯狂，他其实是在借助性发泄胸中的伤悲。我们在《雍正王朝》中也可以看到这样一个典型的情节：当雍正失去亲人的那个悲痛的晚上，他看到一个漂亮的宫女，和她有了云雨之欢。

接纳他的悲伤吧。这时候与其指责，不如和他谈心。无论是用身体还是语言，重要的是这个男人此时此刻那么需要你的安慰。

怪癖 8：他把性爱当成减肥手段

现象：

报纸上说，一次性爱可以燃烧 N 卡路里。这确实是科技史上最激动人心的发现，想想看，这种甜蜜的减肥法，谁不愿意积极尝试？

所以，最近他积极做爱，潜意识里希望完成减肥药达不到的减肥目标。每次性爱完成，他就开始盘算自己最近减了多少卡路里？相当于做了多少个俯卧撑？你们的性爱次数倒是不少了，可是你感受不到激情。因为有时候，他像一个木偶般在表演。

应对：

如果把性爱负载上减肥的目的，这样的性爱显然不轻松。性爱当然有减肥作用，但它不是性的主要目的。告诉他，带着必须减肥成功的压力上床，很容易抽身出来只在乎结果，无法体验性爱过程的那份美妙。

真正要做的事正如那句名言：上帝的归上帝，恺撒的归恺撒。性爱就要心无旁骛地投入，至于减肥的重任，还是去健身房最好。

四．成功的男人性冷淡？

生活真的是鱼与熊掌难以兼得吗？

比如他是一个多金男，手握公司大权，个人前途如一支节节看涨的股票一样，让人心荡神摇。可是，只有你知道，成为他的太太不仅仅是表面的光环，还有那些难以切齿的内在的苦涩。比如这个夜晚，你在床上孤枕难眠，他却睡得鼾然不醒——上一次做爱，好像还是火星撞地球的时候。

你打听了一下，周围的太太团们，好像都有类似的烦恼。她们衣食无忧，可是他们的老公好像普遍患有性冷淡，多日对她们保养良好的身体无动于衷。

难道，成功的男人性冷淡？

1 外表越成功，内在越无能？

我的朋友凯文就是这样的一个男人。他和妻子安的婚姻三年零八个月，可是性的次数却并没有和婚龄一样，水涨船高，反倒越来越少了。他太忙了，两年前开了一个证券公司，安就没有看过他在太阳下山之前回过家。特别是大牛市到来时，他几乎就要在公司安营扎寨了。

而回到家，不是呼呼大睡，就是猫到电脑前，继续看证券行情和新闻。有一次，安学着时尚杂志的教法，穿着蕾丝睡衣在凯文面前晃了几个来回，可是凯文像是视若无睹，让安冲起无名火，恨不得把电脑给砸了。

她只好经常喊头痛，以期引起凯文的注意。他倒是注意了，很关心地要带她去看医生。他不理解，她其实头不痛，只是有那种要求。

可是平心而论，凯文对她太好了，赚的钱都上交。她去商场刷卡，眼睛都不眨一下。她向我抱怨凯文不懂她的内在需求，可是凯文确实太累了。有时看他熬红的眼，再想想自己难以启齿的内在需求，她就觉得自己有点卑劣。

她只好忍着，在漫漫长夜里。她来向我咨询，觉得自己什么都有了，可是那些男欢女爱呢？怎么好像飘荡在风中？她现在很怀念恋爱时那些激情如火的日子。那时候虽然是贫寒夫妻，却有的是时间去缠绵恩爱。

②他为什么"性退化"?

事业越成功,他的性越退化,这确实是一个夫妻生活的尴尬现象。难道成功男人真的性冷淡?

其实,他不是性冷淡,只是,有时对于成功的男人来说,鱼与熊掌难以兼得。

金的老公,基金经理杨在股票个人财富一路飘扬时,性欲却好像股票下跌,一路走低。金说,他每天都要看大盘,分析大盘,即使回到家,往往等不及亲热,倒床就呼呼大睡。有一段时间,女友甚至怀疑杨是不是有外遇了?不然为什么对她那么不感冒?可是用杨开玩笑的话说,现在别说做坏事,他忙得就连做好事的时间也没有。

难道,是自己选择错了?

女人常常面临着两难处境。一方面,望夫成龙,恨不得嫁过去的老公,成为比尔·盖茨,自己进商场时,他是源源不断的提款机。另一方面,在卧室里,希望他是风流勇猛的西门庆;当然,月上柳梢时,他还是那个可以卿卿我我的柳永式的多情种子。所以前几年时尚杂志流行"一个女人的生命中到底需要多少个男人"的话题。

但生活不会让你什么都兼顾,名利的诱惑有时比性来得更重要——这在女人尤其如此。于是,当西门庆与比尔·盖茨不可兼得时,大多数女人往往会选择盖茨。因为后者提供安全感,提供锦衣玉食的生活。

可是,她不知道,除非她的男人是含着金钥匙出身的二世祖,否则要想成为比尔·盖茨,他就必须付出牺牲性欲的代价。这是因为成功的男人,常常比起不成功的男人,更多面临着以下一些性的两难处境:

事业成功时,他的性正在走下坡路。

专家的研究表明,男人的性高峰在16~30岁左右。在那个阶段里,他一无所有,只有为性辛苦煎熬,夜夜渴望艳遇。问题是,那个阶段,我们很少看到大富大贵的少年英杰。大多数男人的成功,要等到30岁以后。可是这个阶段,男人的性逐渐发生微妙的变化。他的生理机制开始退化,30岁后的男人,有一句流行语是"由奔腾开始去联想"了。

所以,理解他的生理退化,不要一味迁怒他的冷淡是因为你。

男人的中年危机

男人受着太多必须功成名就的暗示和压力。所以，一个 30 岁以后的男人，如果还没有成功，他会焦虑，产生一种时间的紧迫感。当 30 岁后的女人纷纷从职场回归家庭时，30 岁后的男人，纷纷从对爱情和性的追逐中走出，走向自己的事业。

这时候，在他生命意义的排位里，事业的成功远远大于性的重要性。当事业需要他付出全部精力时，他往往会牺牲性。

升华理论

老弗洛伊德的理论认为，越是文明，其实越压抑性。在他看来，文明是性压抑的结果。这句话可以这样解释：一个事业成功的男人，可能恰好印证着他成功地升华了性欲望。他以克制性的努力，换取了事业的成功。这一点想起来让人心酸。潘绥铭等性学家的调查也发现，小城市的男人性生活次数反倒高于大城市。因为后者所谓“升华”的能力弱。

教养和知识，有时损害了性

当《绝望主妇》中强壮的园丁容易成为性幻想对象时，我们或许会明白，教养和知识，有时会损害性。他小时候是个乖孩子，一心努力读书，绝不和坏男孩为伍。他规矩、严肃，没有所谓的痞气，但是，你从他身上，也感受不到一种原始的生命力。

生活越上流，性要越下流?

他是不是像英国绅士一样，即使在原始丛林里吃西餐，也要穿上燕尾服?

但不要忘了，在一项对全世界女人的调查中，英国男人被评为最无趣的男人。法国男人才是女人的最爱。所以，他如果把生活的绅士精神应用到他的床笫生活中来，那么，左右都是不可碰触的禁忌便在所难免。

“不能这样做，不能那样做。”——一个受着严格束缚的男人，只能对性越来越敬而远之。

亲人，乱伦?

许多人认为，男人有所谓的“圣母和荡妇”情结。夫妻生活时间久了，难免会让他觉得你成了圣母一般需要尊重。而尊重的另一层含义就是隔膜和保持距离。所以日本作家渡边淳一认为，性从本质上来说，是一个人要探索另一个人隐秘生活的冲动，所以，过于熟悉和亲密，不见得有利于性。

③ 4 种语态破译他的性冷淡类别

表现 1:“对不起，我今天很累。”

——事业型男人

他脸呈菜色，形容憔悴。回到家就倒头大睡，而且明显地白发在增多。是的，他可能是真累了。忙碌和劳累，会剥夺一个人的性冲动。

对策：亲密按摩

原谅他并且体谅他吧。想想这个男人的不易。没有精力 SEX，那么不妨做一些特定的按摩动作。这种简单的身体关怀活动，可以很快速地促进家庭的和谐气氛。这种“亲密按摩”既能够让他很快放松下来，同时也增进夫妻间的亲密感。

表现 2：我们抱抱好吗?

——多愁善感型

他上床时，无限歉意地望着你，只希望和你抱抱。他可能觉得婚姻里所谓真刀实枪的性爱已经不重要了，他更看重那种温情的情感交流。是的，夫妻生活时间长了，应该把性的含义拓宽，那些呢喃的情话，相互的关爱，有时比单纯的性来得更动人而深刻。不妨抱住他，像抱住一个脆弱的大男孩一样，回忆当年他在大学校园里疯狂追你的温馨时刻。

对策：检省你的性理念

扔掉那些庸俗时尚类杂志的所谓“多少个性技巧增进你的性激情”的教导吧。那些所谓的技巧只能加重多年已婚夫妻对于性激情缺失的焦虑。对于生活长久的夫妻来说，不应该执著于如何让性激情像新婚时一样多，而是重新调整我们的心态，接受它。我们应该完成的是，从重视性的数量到重视性的质量的转变。

表现 3：次数多了会伤身体吧

——养生先生型

他突然“爱精如命”，恨不得量化这个月的性生活次数有没有超支？他总是担心肾虚，所以要节欲，如果是这样，他可能是真的感觉自己衰退了。他是新时代的节欲先生。

对策：煲一锅爱夫汤

温和的春膳对他也许更显功效。最著名的春膳有茶壶蒸海鲜，蟹黄活虾，西芹海蜇卷，八宝鹌鹑等。不妨请教一些专家，补补他。

表现 4：这样多不好

——洁癖型

他上床前，恨不得拿八次消毒液清洗自己。别的男人看情色片都恨不得成为其中的高手，他却唯恐避之不及。他觉得除了传教士的方式，其他好像都有传染艾滋病的可能。因为忐忑不安，他只好减少性生活次数。这样的男人，你要么认为他过于规范，要么只有带他去看心理医生了。

对策：上一堂性感治疗课

咨询你的婚姻顾问或者请教心理医生。当然，条件许可的话，选择国内一些医院开设的“夫妻性感治疗”课，通过专家的婚姻顾问辅导，改善沉闷停滞的婚姻生活。

改善成功男人的性冷淡

关于改善成功男人的性冷淡，永远记得有这样几个定律是不可缺少的：

保持距离。这样的话讲了很多遍，但多少人可以做到？渡边淳一认为，日本平安时代的走婚制更有利于婚姻里的性。当然，这不符合现代人的生活。但是，适当保持夫妻距离，确实有利于性的新鲜感。

适当禁欲。性能量并不是取之不尽的泉水，可以夜夜奔流。因此，有时适当禁欲，可以让下一次的爆发来得更强烈。

拓宽性的含义。做夫妻时间长了，如果还一味追求性的激情，在性学家们看来，是不现实的，会制造夫妻生活的焦虑和失落感。在厨房里抱一抱做饭的她，睡觉时手拉着手，这其实都可以归结为性的一种延伸。就如一位老作家所说，虽然我们已经不做爱了，但每天晚上，只要我拉着她的手，就觉得亲切和满足。

五．男人性爱 AB 面

他白天温柔腼腆，但在床上粗野无比；

他在现实生活中是一个伟岸高大的男人，但在性生活中却喜欢被女人征服；

他平时讲点黄色笑话若无其事，好像一副韦小宝式的风流，但到了床上，他却缺乏创意，中规中矩。

这种双面表现，不但让女人迷惑不解，有时男人们自己也不明白这是为什么。

表现 1：白天不懂夜的黑

点击关键原因：当卸下白天的伪装，卸下套在他身上的“必须怎样做男人”的盔甲后，他才变得像个有血有肉的男人。这时候，恰恰是他最自然、最坦露本性的时候。

个案探秘：

安悦认识林翔是在三年前，爱情总是因为先被一种特殊的类型所吸引，才渐渐生根开花的。在安悦的眼中，林翔不但英俊高大，还性格温柔腼腆，她还记得第一次见到他时的神情，有人喊：林翔，你娶媳妇了没有，要是没有我给你介绍一个？喊话的人指指安悦，安悦没脸红，林翔倒是脸红了。也就是在那一刻，安悦喜欢上了林翔，她记得母亲对自己说过：容易脸红的男人，可靠，适合做丈夫。

但是，安悦的烦恼从谈恋爱第一天就开始了。在很长一段时间里，他们的恋爱生活波澜不惊。在安悦看来，林翔是一个在生活中缺乏情趣的男人。他很少会给安悦来一点小小的浪漫，说话不愠不火，似乎永远缺乏起伏。更严重的是，他经常会脸红，比女孩子还腼腆。安悦有时暗想：生活得这般枯燥单调，他在那方面是否也很没有情调？

带着这种心情，她和林翔结婚了。她还记得新婚第一夜，当客人散尽，林翔走进新房的时候，安悦没有等到和风细雨式的性爱。林翔是扑上来的，他似乎显得很急不可耐，动作粗野狂放，更重要的是，他似乎特别乐意尝试一些新鲜的姿势和创意——安悦既惊且喜。

心理分析：

有时候，男人的这种双面表现或许和成长环境的影响有关系，比如他受到过“性是不洁的”这类暗示，他认为一个男人在生活中应该是深沉的内敛的，男人不应该轻易流露感情等。因此，他在现实生活中表现得甚至貌似清纯，在和女人打交道的过程中，他显得害羞且低调。

但那毕竟是文化的影响，男人的内心总有释放情感的需求。热爱并且迷恋性生活——这几乎是所有男人的特质，因此，当卸下白天的伪装，卸下套在他身上的“必须怎样做男人”的盔甲后，他才变得像个有血有肉的男人。这时候，其实恰恰是他最自然，最坦露本性的时候。而正因为他完全无二心地投入，才会让他和她的性来得更幸福。

表现 2：他其实并不像他所讲述的那样

点击关键原因：很多时候，男人在床上沉默、内敛，他们拒绝性，或者表现得对性不感兴趣，只是男人的生理特质决定，比如他可能处于性不应期等。

个案探秘：

她曾经遇到一位男人，平时在社交场合，他最喜欢讲黄段子。他讲黄段子时四目顾盼，流光溢彩，好像那是一件特别值得炫耀的事情。当然越有女士在场，这位老兄就会讲得愈发起劲。如果这位女士又恰恰表现出害羞的不忍卒听的淑女状，这位老兄就更加得意，更加精神振奋，仿佛沉浸在意淫的快感中。

偶尔，他还吹嘘自己若有若无的艳遇的经历。看到录像片里讲谁谁一次能够持续作战几个小时，他就会立即表示：这有什么了不起的。言下之意似乎他大战一天一夜也完全不成问题，他还四处透露他若有若无的艳福，说自己以前被X位著名女士迷恋过。

偏偏她真的信了这些话，作为豪放派，她一直想找一个豪放的男人和自己旗鼓相当，她相信平时这样气壮山河的男人，到了床上一定好生了得。于是，借着某个机会，她和他缠到了一起。

结果让人大跌眼镜，那夜对阵，他不但毫无白天人前的生猛作风，反而在豪放女面前“鼓未擂，雨先下”，最后只得大汗淋漓，落荒而逃。

她感叹：那些吹嘘自己能力如何如何强大的男人，你千万别信，到了床上，还不定怎么一回事呢！

心理分析：

这同样和我们的文化对男人的性暗示有关。社会观念往往认为男人必须是性生活的强者，男人必须在性上面强大而骄傲，否则就不像个男人。在这种观念的暗示下，男人们背负着“成为性强者”的压力生活，因此才会在各种机会面前争先恐后地表白自己，夸耀自己能力的非凡，因为他们认为这是为自己赢得尊敬和荣耀的最骄傲之处。

然而，男人毕竟不是性爱机器。很多时候，他们在床上沉默、内敛，或者表现得对性不感兴趣，那只是他们的生理特质决定的，比如他可能正处于不应期等。

所以，还是不妨允许男人保留日常生活中那点可怜的虚荣心吧。

表现3：他渴望你来征服他

点击关键原因：人的内在是有许多潜能的，在最亲密的关系里，这些潜能完全应该充分地开发出来，成为亲密关系里的游戏元素之一，只有这样，人才会感到自己更趋于完整和丰富。

个案探秘：

性，自古以来，就被天经地义地认为是男人征服女人，但事实是否真如此呢？北京的王悦林有话要说。

“是的，我承认男人一直是性生活的主导者，所以，男人在性生活中从始至终都要扮演伟岸丈夫的角色。但有时我也觉得这样很累很枯燥，谁说男人必须这样？”王悦林说。

王悦林的妻子叫张瑞芳，在她眼中，丈夫是一个名副其实的伟男人，一米八五的个头，一百六十斤的体重，走起路来嗖嗖生风，说话声音宛若洪钟，白酒一个人能对付掉两瓶。有很长一段时间里，他和妻子的性姿势一直是男上女下，天长日久，不要说夫妻两人感到腻烦，就是一点原来的激情也早已消失殆尽了。

直到那次。

他们扮演老鹰捉小鸡的游戏，老鹰是娇小的妻子张瑞芳，小鸡是高大的老公王悦林，在整个过程中，王悦林都是被动的——被挑逗和被征服的。

听听张瑞芳的感觉吧，"那种感觉太刺激了，你想一想，一个平时看起来像老虎一样的男人，在你身下变成了一只小绵羊，你会怎么想，我想大多数的女人会觉得你在这一刻占有了他。那一瞬间，她们的母性会得到膨胀，感觉这个男人像需要你保护的孩子。"

王悦林说，"我将自己完全地毫无保留地交给她，我不再是个领航者，不再是船上的水手，我成了船员，我可以放心地休息，由她将我导向不可未知的领域——这对一直绷得很紧的男人，是多么令人放心的一件事啊。"

心理分析：

在各个学科的关于性别的研究中，越来越多的人赞同"人是双性的"说法，只不过随着人的成长，社会开始把冲锋枪交给男孩，把布娃娃交给女孩。于是，男人女人开始被塑造性别。与此同时，男人女人也开始压抑他们性别的另一面：男人压抑女性气质，女人压抑男性气质，只有这样，男人女人才能更好地适应这个社会，因为像个男人一样的女人和像个女人一样的男人，都是为社会所很难接受的。

但是，这些气质只是暂时地被压抑，并没有真正地完全从男人女人身上抽离，男人如果一直戴着"征服者"的面具，让他们也觉得很累。

在《海蒂性学报告》调查中，相当多的男人体验过在一生中的某个时刻，他们获得的"被征服"的体验。他们承认，人的内在是有许多潜能的，在最亲密的关系里，这些潜能完全应该充分地开发出来，成为亲密关系里的游戏元素之一，只有这样，人才会感到自己更趋于完整和丰富。

所以，有时被征服也是男人的需要之一，这能够让他们体验到更强烈深沉的爱情。

第4计

做好亲密规划

俗话说，“知己知彼，百战百胜”。假如你是一个聪明女子，有没有试着问一下，你对自己的男人足够了解吗？如果你了解他，知道他在床上喜欢你怎样地表现吗？怎样的闺房战术让他为你意乱神迷？

先来测一测你的男人属于哪一款？

一．攻克五种有型男之闺房战术

俗话说，“知己知彼，百战百胜”。假如你是一个聪明女子，有没有试着问一下，你对自己的男人足够了解吗？如果你了解他，知道他在床上喜欢你怎样地表现吗？怎样的闺房战术让他为你意乱神迷？

先来测一测你的男人属于哪一款？

1 腼腆型男人的五大天机泄露

他不爱张扬，偶尔在你穿着性感时，偷偷地拉拉你的手，以示喜爱。

他喜欢笑，而且容易脸红，特别容易激发你的母性欲望，想要呵护他。

他小时候是父母眼中的好孩子，青春期是姐姐身后的“跟屁虫”，现在，你是他的“野蛮老婆”，总之，他好乖，乖得让你不忍心去伤害他。

他绝对没有大男子主义，相反，他是温柔的，温柔得会替你洗内裤。

他下班时喜欢给你打电话催你回家；因为倘若他一人在家，可能便会无所适从。在这点上，他像个长不大的孩子。

攻克腼腆型男人的闺房战术：

★ 他不喜欢直奔主题的性，尽管大多数男人可能喜欢直奔主题。所以在你决定和他上床前，最好先像埃及艳后一样和他调调情。

★ 他可能有些害羞，所以卧室里的灯光最好朦胧一些。你可以选一些米黄色或暗红色的光线。

★ 他喜欢被鼓励。想想吧，男孩子总是渴望在自己喜爱的女人面前，尽快长成一个真正的男人。

★ 有一种俗语称这种男人为“闷骚型”男人。说的就是他在现实生活中可能很害羞，但在床上渴望创意。所以你要学会开发他的潜能。他其实是个很爱学习，喜欢探索的男人。

2 粗犷型男人的五大天机泄露

有 80% 的时候他记不得你的生日、你们的结婚纪念日，以及多久没有陪你回娘家了。

你总是对他心怀不满，因为他不会甜言蜜语地说“我爱你”，即使你拿刀架在他的脖子上；但你又总是离不开他，因为他浑身都是男子气。

他在影院和你一起看恐怖电影时，喜欢搂着你的腰，让你小鸟依人一般，颇具安全感；在雷电和风雨交加之夜，他喜欢让你靠在他的胸前，倾听他有力的心跳声。

他喜欢敞开胸怀的上衣，或者紧身 T 恤，以显露他发达的肌肉。

他会纵容你的一次又一次小性子，即使他确是生气了，假如你用尽温柔，他很快软化成泥；俗话说，“以柔克刚，战无不胜”，说的就是这个道理。

攻克粗犷型男人的闺房战术：

★ 他经常做着英雄梦，所以上床后，你不妨经常表现得小鸟依人，或者害羞得像个原始丛林的土著新娘，这样可以满足他的征服欲望。

★ 卧室里可以放一面镜子，或者在适当的时候拧亮灯光，让他有机会展示他的肌肉。

★ 偶尔欲擒故纵一下。比如玩一些在黑暗中追逐的游戏，或者慢慢地解开他的衣服，非让他的欲望像熊熊大火一样燃烧，这样他的爱才会排山倒海，不可抑制。

★ 可以“反其道而行之”，虐恋他一把，比如将他的眼睛蒙住。想想看，他做惯了威猛不可一世的老虎，现在成了待宰的羔羊，一定感觉很刺激。

3 绅士型男人的五大天机泄露

他是那种吃饭时会殷勤地替你递纸巾，吃完饭后，会殷勤地替你开车门的男人。

他大多数时候喜欢穿西装，而且总是收拾得一尘不染，皮鞋上很难见到灰尘。

他的生活讲究品位，比如，他会在卧室里叫你“宝贝”，在宴会上，他会向别人介绍“这是我太太”，还比如，他喜欢吃西餐，经常喝红酒，喜欢家里摆上一些仿古的家具。

偶尔见到你和某位男同事开过分玩笑，他绝对不会立即拉下脸来或暴跳如雷，他一定会大度一笑，但接下来的日子就不好过了：他会和你长篇讨论做一个高贵夫人的礼仪等。

他很少发火，如果他实在忍受不了，他会脸涨得通红，嘴唇乌青——他善于克制自己的情绪。

攻克绅士型男人的闺房战术：

★ 请在上床前，收拾好你的衣物，也不要将避孕套等随地乱扔，他注重生活细节，假如你这样做，他一定感觉很不舒服。

★ 将卧室尽可能布置得典雅一些，高贵一些。上床前，不妨喝一杯红酒助助兴。

★ 和他讨论一些性生活的细节以及准备问题，因为他是一个做事喜欢严谨，并且很理性的男人。

★ 适当地来一些狂野的性活动方式，绅士型的男人也许常常被某种规范压抑过久，所以狂野放荡，不拘一格的性，更能让他心醉神迷。

4 浪漫型男人的五大天机泄露

他是那种会为你写上一千封情书，谈恋爱时喜欢在风雨交加之夜，痴痴地等在楼下，以示他爱你到地老天荒的男人。

他喜欢休闲打扮，并且喜欢用服装衬托自己的独特个性。

他爱一个人时，会“一日不见如隔三秋”；失去一个人时，他会痛不欲生。总之，他是一个感情脆弱的男人；但有些时候，他的感情很容易如“狂风卷落叶”般在另一段感情中获得新生。

他喜欢带你外出旅行，偶尔兴致好时，他会亲自扎上围裙，为你做碗“爱妻汤”。但不要对他太过乐观，一旦他的激情冷却，他很容易变得对家务事毫无兴趣。

他喜欢从事的工作是富有创意性的，如艺术工作者等。

攻克浪漫型男人的闺房战术：

★ 走出家门吧，不要老是窝在家里表达你们的爱意，有时候，因为他的浪漫个性，他也许喜欢一些更刺激的场所。比如在他走出影剧院的黑暗关口时，偷袭般地抚摸他；比如在某个野外场所，做一回露水夫妻。

★ 重视语言的作用。回忆一下你们第一次相遇的情景，偶尔讲点黄色笑话，都是助性的好方法。

★ 放一点轻音乐，让他感觉自己躺在一片轻柔的沙滩上，或者回到小时候，那种完全忘我的情景。

★ 借助一些情色影碟的作用。但不是那种赤裸裸的 A 片，而是一些有情节的浪漫的爱情片，当他感动或者激动时，不妨去偷袭一下他。

5 憨实型男人的五大天机泄露

他是标准的中国式的好女婿，第一次陪着你上门相亲，一定不忘大包小包地将你的父母姐妹，七姑八姨都打点好，所以他的人缘极好，很容易博得岳父岳母的欢心。

他是那种你出差时，一定让你风吹杨柳，一身轻松，他自己则肩扛背驮，替你做搬运工的男人。

当你坐月子时，他一定是疼你到骨子里，半夜会起床背你上卫生间的男人。

他不会经常将"我爱你"挂在嘴边，但某一天一旦说一句"我爱你"，必定让你感动得泪如雨下。

也许你和他在一起时很难体会到他的好，但一旦和他分开，就会发现他对你的照顾既默默无闻又无处不在。

攻克憨实型的男人闺房战术：

★ 某一天他回到家，把家里布置得很温馨，在墙上贴上一些小纸片，上面写着"老公，你辛苦了，感谢你为这个家所做的一切。"多年像老黄牛一样奔忙的他，一定会感动得热泪盈眶。

★ 当他在厨房热火朝天地做饭时，试着将刚淋浴的头发披散在他身后。慢慢地解开他的围裙，用这种方式犒赏他，他一定最喜欢。

★ 他是个实在型的男人，所以在他奋勇地和你大战一番后，最好亲自去厨房给他煲一碗营养汤。俗话说，要抓男人心先要暖男人胃。在他的潜意识里，也许还潜藏着性事亏身体的想法。用营养汤滋补他，可以显示好妻子的本色。

★ 在性生活过程中，他也许是那种非常体贴，并且努力地想让你感觉快乐的男人。所以，做完后，一定不要忘了告诉他你的感受很好。

二．轻熟女的性爱 40 问

经历过激情如火的青春，你的婚姻开始渐趋平静，30 岁女人的性像初放的花蕾绽放成成熟的果实，不再是单一的青涩，而是五味俱全。或许，你应该在静夜中问自己以下一些问题。

1 你的性是否在发生变化？

★ 这些天，你穿了一条无比性感的内衣，并且炫耀地在结婚多年的他面前走来走去，他居然波澜不惊地看了一眼，说：“是吗？颜色还不错，多少钱一条？”

★ 他老是窝在客厅的沙发里，对家庭影院上的性感女孩一副色迷迷的样子，回到卧室里却对床上的你哈欠连天？

★ 你们总是在同一时段过性生活，而且遵循的程序、姿势千篇一律？

★ 他总是说工作太忙，以此减少你们的性生活次数，但是 6 年前，他在外面扛了一天麻袋，回家照样要向你寻欢？

★ 他的高潮是越来越快，而你的高潮是越来越慢，因此许多次性生活结束后，你总是满怀挫折感和失败感地望着高潮过后呼呼大睡的他，久久不能入眠？

★ 以前在他面前，你总是描唇画眉，他也喜欢将皮鞋擦得锃亮，如今你经常蓬头垢面，而他皮鞋上的灰尘累积得像垃圾堆里拣出来的，也懒得去擦一下？

★ 你脸上的肤色正在由结婚时的艳若桃花变得晦暗苍白，而他额上的皱纹也一天天增多，你们都感觉到了生理上的老化信号？

★ 你们总是担心深夜里在嘿咻时被隔壁的孩子听见，于是你总是用牙齿咬着床单，催促他快点，轻点，于是他便兴味索然地草草结束？

★ 某一天，你们突然感到很久没有过性生活了，那么，就过一回吧！

★ 浓情时刻他总是表现得很开心，于是你便趁此提出一些相对奢侈的物质要求，使他感到自己是在花钱“买性”？

★ 有一天深夜醒来，你发现他正在躲着你偷偷自慰，你感到的只有震惊、迷茫和羞辱？

2 你所感受的性文化

★ 女性主义好像遥远而不可企及，然而，你生来从性中感受到不平等，比如，当丈夫的高潮结束时，他总是缺乏耐心，让你继续抵达快乐的巅峰。

★ 传媒制造了很多关于女人的性传说，有说女人天生性欲来得慢，有说一波接一波，你不知应该相信谁，有时干脆说：去 XX 的见鬼吧。

★ 开始怀念激情，但是觉得激情和平淡长久的生活，似乎总是相互矛盾，有时候激情似火，但过后让自己无比受伤；有时候温馨平淡，但激情又仿若逝水东流，真所谓“鱼与熊掌不可兼得。”

★ 在和一个男人的关系里，有过真正的安全感吗？愿意将自己完完全全地交给他吗？

★ 很想也去放纵一回。比如尝试一次流行的“一夜情”，只是总感到“一夜情”似乎是男人更好的怂恿女人上床的借口，女性比男性更需要承受“一夜情”的伤害。

★ 昨天在网上认识了一位相谈甚欢的 GG，今天他就在网上挑逗你，让你有点不好意思的是，你似乎也很喜欢这种方式：刺激，游戏，好玩，出位，大胆。

★ 网络调查表明，女性比男性更喜欢在网上谈性，你对此深信不疑：因为女性在现实生活中压抑得太多太久了。

★ 你觉得丈夫有一种矛盾心理：他希望你能够在床上主动，但又希望你在现实生活中装作对性一无所知。

★ 同样的感受还来自社会的压力，男人们聚在一起，十有八九的话题离不开性，会说黄段子的男人是有才华的标志；女人们要谈性，各种目光恨不得变成小李飞刀，让你无地自容。

★ 所以，你只能和你的女伴们谈性，你们有一个主妇沙龙，你们聊男人，聊性，你们分享女人间的秘密，觉得只有女人在一起谈性，才很少感受到压力。

3 这些性知识你了解多少

★ 30 岁的今天，我越来越懂得爱惜自己，我懂得内衣可以制造情调，增进性趣，晚上的略施粉黛可以让枕边人有意外之喜，所以我会成为美容院和内衣店的常客。

★ 怀孕时，我不会无知地认为不再能和丈夫过性生活了，我会在医生的指导下，选择安全而有效的性活动方式。

★ 我以平常心看待自慰，我觉得那是女人了解自己，探索自己身体的很好方式，它是性行为多元化的方式之一，让那些“自慰有害论”见鬼去吧。

★ 如果我今天身体不适，我会坦然地告诉丈夫：亲爱的，我不想做。我深信只有自爱才会去爱别人，伪饰才是对爱的轻视，而丈夫爱我，便会理解尊重我。

★ 看一些情色电影吧，那不仅仅是男人的专利。

★ 我讨厌某些动辄说女人“性冷淡”的理论，如果我真的“性冷淡”，我会首先从外界找原因。我相信，人生而便对性欢乐充满了热爱和追逐之心，倘若有真正的性冷淡，一定是我们在通往性欢乐的路途上，受到了外界的挫折。

★ 我不想在性的频率上纠缠不休，如果有一天，我和丈夫老了，只是搂在一起没有任何冲动，那又有什么不好呢?

4 对性的态度

★ 热爱性，总是把它看成通往天堂之路的快乐之源。试想想，如果没有男欢女爱，即使最丰饶的生命又显得多么贫瘠。

★ 不会纵欲，任何一个时候，都需要性的清教精神，因为纵欲的后果是对爱情的轻视，而没有爱情附连的性，只是一团肉欲之火。

★ 别把性当成解决夫妻矛盾的手段，有时候，吵架后可能会有激情的性爱，但更深层次的问题被掩盖了。性只是性，别让它太累了。

★ 有的女人为了防止丈夫外遇，用频繁的性要求分散丈夫的精力，殊不知这样只会加深丈夫的反感之心，切记丈夫并不是性动物，男人并非仅仅为好色才出轨。

★ 孩子看见你们在做爱，不必惊慌失措，乱成一团，告诉他吧：小宝贝，爸爸妈妈在做一个很好玩的游戏。性教育之路由此起步。

5 和他在一起

★ 丈夫有了外遇，伤心欲绝之时，你会不会用选择和另一个男人发生性关系的方式来报复他？

★ 他提出了很多在你看来不可接受的性方式，并且希望你配合，你会不会觉得：天呐，他这些想法都是从哪里学来的？他怎么变得这样“坏”？万一我不接受，他会去找别的女性尝试吗？

★ 他是否有很大的压力？比如，我明明感受到他的力不从心，但他好像是为了维护一种不得不做的功课，或者尽一份对我的义务，而和我过性生活？

★ 虽然是多年的老夫老妻了，但是某一天，我听了一场关于防治艾滋病和性病的报告后，意识到它们的危害因而希望丈夫过性生活也用安全套时，我不知道怎样向他提出这个难堪的要求？怎么提？选择何种适当的时机？

★ 你们过性生活时，安全套突然滑落到阴道里，你们知道最好怎样做？是手足无措还是当机立断？或者有什么急救的方式？

★ 他突然出现了“举而不坚”，有了器质性的困难，你却在兴头上，这时你会怎么办？是不满地指责他还是巧妙地掩饰过去？是安慰他但担心可能会加重他的负疚心理，还是装作若无其事？

★ 碰上一个爱吃大蒜偏偏又不知满嘴蒜味而特别希望和你在床上亲吻的丈夫时，你怎么办？

三．向经典电影学习亲密前戏

世界情色电影五彩纷呈，电影大师们用自己对于情色精彩的理解，创造了一个又一个撼人心魄的情色镜头。而那些演员们也用自己绝佳的表现，带给我们一个又一个精彩的前戏享受。

用拿来主义看人生，我们为什么不学习一些经典情色电影中的前戏方法，指导自己的性生活呢？看看那些高明的情色导演们是怎么做的，然后不妨让自己也变成你性生活中的高明情色导演。

1《晚娘》：无声的诱惑

夏天燥热，屋外的田野上好像也滚动着情欲的气息。知了的叫声让人心烦意乱。洁白的手臂，玉一样的后背，还有一颗紧张的翻腾的心。她慵懒地躺着，让他在她身上敷冰块。 他的汗珠大颗大颗地掉落，既因为紧张，也因为渴望。

她在挑逗他，那个魅一样的晚娘。青春男孩的情欲世界正在打开。他像一桶随时要爆炸的炸药，他如此小心，又像对待一件珍宝，纤细，生怕毁灭。那个夏天，有的东西在结束，有的东西在开始，虽然知道是毒药，也要吃下去，然后万劫不复。

钟丽缇因为这部电影中的性感镜头，被评为亚洲最性感女星，和她配戏的泰国英俊小生也因此成了许多女孩的梦中情人。那种小心的试探，蛇一样的诱惑，情欲累积的紧张以及等待，爆发，都让人有窒息的感觉。

我们要学习什么：

性的极致境界在于无声胜有声。我要挑逗你，但不必挑明，心知肚明，好像两个人一起在体验一种偷情的快感，也共享一个秘密的约会。下流的人玩色情，上流的人玩风情。不要急，一点一点地累积，再爆发时才更有力量。想想那些蓄积的河水，是不是一旦冲垮河堤，才能形成万马奔腾之势？

前戏要点在于，不是重结果，而是重过程。不是急于插入，而是小心轻放，这一点在《晚娘》中得到淋漓尽致的体现。

你可以怎么做：

为什么你不可以试着在两性生活中这样做呢？

在某一个夏天，在你爱侣的后背上，敷上清凉的冰块。让他（她）体验冰火两重天的感觉。然后你可以一点一点地小心地吃下去。你的舌尖可以像游走在芳草地的蛇，让他（她）欲罢不能。当冰融化的时候，或许他（她）也因此融化了。

②《情人》：体贴温柔之美

20 世纪 60 年代的湄公河畔，依然是一个夏天。如此欲说还休的眼神，才有了后来心与心的交流与体会。一个是中国的富少爷，一个是法国美少女，虽然文化背景不同，但情欲的心灵却通过眼神一点一点地渗透。

在一处临街的房子里，她后来只记得依然是一个闷热的夏天，屋外隐约有喧哗的闹市声传来，但关上门，屋里屋外便是两重世界。那是她的第一次，或许是他的第 N 次，所以他表现得小心而温柔。他轻轻地给她褪下衣服，她一副无辜而任由他摆布的样子。当她完全地袒露在他面前时，他没有急，而是欣赏地迷恋地望着她。他要让她懂得性是什么，懂得那个燥热的夏天，他在她的面前打开了一扇怎样的情欲世界。这样她才会在老了的时候，说自己依然在怀念他。

我们要学习什么：

假如她是第一次，那么请记住，前戏最重要的一定是温柔体贴。所以任何鲁莽的进攻都会在她心里留下伤痛的记忆。

梁家辉是懂得的，所以他才会表现得如此温柔而体贴。那是一种最有效的催情剂，她才会不那么紧张，才会放松下来，才会全身心地投入和接纳。当你的伴侣完全放松下来时，他（她）的身体里产生的化学变化，常常是一场美妙性爱的必备条件。

你可以怎么做：

一定记住，小心轻放，温柔体贴，是所有最佳性爱高手的第一因素。所以当一个美妙的夜晚来临时，请记住，把（他）她当成你的珍宝，你可以慢慢地抚摸她，从她的头发开始。高氏兄弟是两个行为艺术家，他们曾经做过一个行为艺术叫做“皮肤饥渴症”，专门去大街上拥抱陌生人。表示渴望亲密，消融人和人之间的隔离等。每一个人都有皮肤饥渴症，关爱她，从她的每一寸肌肤开始。

3《爱的色放》：偷窥引起的快感

她是楼下的女主人，却总是被身为警察的丈夫虐待。他是楼上躁动的青年，他经常从地板上的小洞里看见她和丈夫做爱的场景，还有她被虐待的情景。情欲的躁动，混合着一种爱的怜悯，他对她产生了一种微妙的情愫。白天丈夫去上班了，她在屋里慵懒地换衣服（她其实知道他在上面偷看她），他更加热血沸腾，终于有一天，他们走到了一起。

我们要学习什么：

偷窥引起的快感到底有多强烈？据说，在网上，已经有许多纯粹由偷窥爱好者上传的DV。俗话说，妻不如妾，妾不如偷，偷不如偷不着，性是需要神秘感的，欲掩还休。连原始人都知道拿一片树叶遮盖自己，所以时装的重点不仅仅在于御寒，还在于把性包裹起来，让人显得更性感。

你可以怎么做：

到底男人是视觉动物还是女人是视觉动物，也许男人女人都喜欢视觉刺激。所以为什么不在家里来一场内衣时装秀。你们可以花上一些时间去选购各种各样的内衣。然后轮流表演内衣时装秀。你们彼此做对方的评委。如果表现出色的话，奖赏嘛！有时是一场火热的SEX，有时可以是一个深情的热吻。

4《钢琴课》：性的交换主义

如果你想征服一个人，除了大棒，胡萝卜当然是最好的方式。《钢琴课》中，土著的酋长想得到忧郁的钢琴教师，他采用了一种最极端的方式：他每给她一个琴键，便要逼迫她脱一件衣服。表面看霸道，不可理喻，但那是因为一种真正的激情和爱。其实，她早已经懂得他的心，他早已经从她的钢琴声中，听出了她的孤独、爱和寂寞。现在，那只是一种游戏，他要通过这种游戏得到她。

我们要学习什么：

常常我们在性爱中愤慨“性惩罚”，比如妻子为了某件著名的裘皮大衣，而要求以和丈夫过性生活来交换。如此做法固然不可取，但是何不把这种交换精神引用到性生活中来？

你总会给她送些礼物吧，为什么不借此机会让她表现一番？也许交换了，物有所值了，他（她）才会忘情表现。

你可以怎么做：

某一个春意盎然的夜晚，你可以试着上床前，让她和你一起来一个交换游戏。最简单的做法是这样的：你把一摞百元钞票放在床边，告诉他（她），他（她）脱一件衣服可以得到一百元钞票。他是“主人”，你是献身的“良家妇女”，良家妇女不敌金钱的诱惑，最终乖乖做了你的俘虏。

5《布拉格之恋》：女扮男装之美

在那个城市里，他们绝望，孤独而凄然。这部根据米兰 · 昆德拉的小说改编的电影《布拉格之恋》以冷峻的性与爱的探讨打动人心。有一组镜头是这样的：女主人公总是穿着男人的衣服，在男主人公面前走来走去。衣服宽大，但是穿在她身上，有一种奇特的性感之美。男主人公常常受不了这份诱惑，然后开始他们火热的激情之途。

我们要学习什么：

没有什么是一定的，但如果性只是重复，想想看这是多么令人厌倦的事情。这组前戏镜头里最打动人的便是女主人公的女扮男装。反差之美更打动人心，仿佛看惯了某种事情，某一天突然不一样了。又好像在沙漠中长途跋涉，突然看到一片绿洲的惊喜。

你可以怎么做：

如果已经对千篇一律的“你必须阴柔，丈夫必须阳刚”的角色定位感到厌倦了。那么不妨找出一天时间来，玩一次角色颠倒的游戏。男人可以穿起花裙子，围着花围巾；女的穿上警察制服，英武帅气。整个过程中，女性扮演男性角色，慢慢地去挑逗丈夫。丈夫则羞羞答答，像一个18世纪的淑女。

6《云上的日子》：欲擒故纵之术

如果你想得到一个人，不妨放慢你的节奏，记住，有时候欲擒故纵是为了更好地得到。《云上的日子》中，男主人公总是在和女主人公亲热时，若即若离。这也许是最好的情人相处之道：她远你近，她近你远。他慢慢地挑逗她，但每一次当她的欲望升腾时，他又暂时放弃。

他表现得神秘而不可捉摸，这让她更加欲罢不能。那像一场猫与老鼠的游戏，爱你就玩弄你，但延缓得到的过程。因为他知道，很多事情，一旦得到了，可能便索然无味。

我们可以学习什么：

前戏要诀在于，越是准备工作做得充分，达到的高潮便越是惊心动魄。欲望的一马平川之道当然走着便索然无味，所以体验那种波峰的感觉，忽高忽低更有趣。

男主人公把那种火候拿捏得恰到好处，他挑逗她，但是欲擒故纵，所以，她一颗要他的心才会如此强烈。

你可以怎么做：

如果他想得到，那么不一定要马上给他（她）。一点点地去刺激他（她），但总是在一个临界点的时候打住，然后再重新开始。当然，一定要把握好火候，所谓的火候就是不要玩过了头，因为一旦他（她）的欲望彻底冷却，很可能会有一种挫败感。所以欲擒故纵后，给他（她）一个最高峰时刻的爆发吧。

7《莉莉说》：不穿短裤的诱惑之美

有些人是经不起诱惑的。电影《莉莉说》中的莉莉显然深信这一点。她喜欢一个男孩，于是她让他看自己荡秋千。她故意不穿短裤，于是秋千荡起来时，她的裙子也随风撩开，一个私密的世界在纯真男孩面前若隐若现，看得男孩心潮澎湃。

我们要学习什么：

诱惑一个人是不需要语言的。让他感觉得到，但不能明说出来，否则便索然无味。影片中的女主人公便巧妙地把握了这一点。她知道若隐若现，才显得神秘而更加吸引人。让你看到，但总是看不清楚。否则，为什么男人A片看多了后，常常觉得索然无味？就是因为它太直接了。

你可以怎么做：

你们不必真的在床上荡秋千，但建议你们可以跳一次艳舞。可以先在镜子前试一下双手向上挥舞，高举过头，随意晃动，手指轻轻拨动头发，然后适当地透露出一些肌肤。几分钟后，晃动腰肢，解开衣裙的带子，让它从肩头滑落，柔顺地掠过身体，落到地上。当然带一条羽毛或毛皮做成的围巾保护关键部位。去除了遮盖外，更有一种深藏不露的诱惑。

性前戏的6个禁忌

禁忌一：不民主，自作主张

这个夜晚，他是不是准备变成一个色情明星？你是不是准备尝试一些稀奇古怪的行为？那么，最好事先商量一下。《我们的身体 我们自己》一书中讲道：只有沟通后的性才会愉悦，否则便是强迫。

禁忌二：家务功课未完，心有别的牵挂

性最需要全情投入，如果你一边惦念着商店里的账本，一边心不在焉地和老公做爱，他会怎么想？让那些账本暂时见鬼去吧。

禁忌三：轻易尝试危险的性方式

看到了电影中高难度的性爱体操动作，你们决心也来一场这样的前戏。别忘了，人家是专业训练的A片明星，如果你盲目学习，摔成了骨折或者中途晕倒，保险公司一定不会赔偿。

禁忌四：无限制地延长前戏时间

前戏到底是为了高潮，还是为前戏而前戏？当然是前者。所以有一天你意识到前戏的重要性了，然后恨不得做一个前戏耗时的吉尼斯女王，别忘了，你依然兴致勃勃时，他很可能已经累得不行了。

禁忌五：激情不等于暴力

看到虐恋了，你们也准备用鞭子或者铁链。她有心脏病吗？或者她在痛感之余有快感吗？如果没有快感，这样的前戏就是暴力而非前戏。

禁忌六：语言的误用

他在床上对你说脏话，觉得这是男子气；他一边前戏，一边趁火打劫追问你的隐私。如果你不舒服，那么告诉他。否则，让他穿好衣服，赶紧下床。

四．让性爱去旅行

一场旅行，究竟会为性爱带来什么？

当然是走出传统的卧室，让你的性更加充满“花样性情”。所以，需要蜜月旅行，不仅仅是游玩，而是走出熟悉的环境，去陌生的“天地只剩下你我”的情境中，寻找传说中的男欢女爱。

所以，在春暖花开的季节，当常规的场合都已经尝试了一遍，何不尝试一下性爱旅行？在路上寻找你的花样性情。

1 9个经典性爱旅行宝典

在酒店偷情

想要给性爱更多快感，制造宾馆偷情的情境是个好方法。居家空间或许因为隔音不佳而备受压抑，甚至顾及家庭其他成员而束手束脚无法施展身手。与他到某处宾馆，体会偷得闲情的快感，可以一起结伴 check-in，也可以要他先行进场，来个登堂入室。在宾馆里尽情解放！

岩石上冰与火的缠绵

北京 798 艺术区有一组艺术镜头是这样拍摄的：两个赤裸的身体，缠绕在一丛冰冷的钢架上。最温软的肉体碰到最坚硬的钢铁，那种清冽感让性爱具有一种刻骨铭心的奇妙体验。

所以，不妨选择在一处高高的岩石上来一场性爱。没有错，岩石很硬，会让你的肉体有咯痛感，那么不妨采取后进式。最光滑的身体和最坚硬宽敞的岩石水乳交融，是不是颇有些盘古开天之感？

交通工具上的随“性”所致

随着汽车的普及，所心所“欲”越来越成为可能。驾车出行，沿路的风景是一贴很撩人的“春药”，清新的空气，迷人的景色，温馨的大自然，比任何一场艳情电影或性感图片更能拨动人的欲望之门。如果你们出发前并没有确切打算，那随性而动，或许是很好的办法。

选择长途卧铺车也会有不少惊喜，也许你们已经按捺不住激动心情，忍不住悄悄爬上对方的床铺，在温馨的被单里预热一番。微微摇晃的车厢会带来别样的效果，呢喃声和火车的“踢踏踢踏”声交织在一起，也许一声悠扬的汽笛声后，你们达到了高潮。

高层电梯——一场性爱起起落落

高层电梯在升高和下降的过程中使人产生片刻的眩晕，那种感觉与高潮极其相似。在快速升降的落差中寻找野战契机，足以使人兴奋不已。若是一般带有三面或一面的玻璃镜，可以从不同角度映照出情人之间的狂放姿态。由于电梯内没有座位，正位和反位的站立姿势更为合适，而一方抵住墙壁就更能激发热情了。

海滩——性爱的经典之境

买一张飞机票，也许可以让你们在一个小时之内，就从最严寒的北方，到达温暖如春的南方。告别特别熟悉的亲朋好友，日复一日重复的生活，拉着自己最心爱的人，是不是颇有些私奔的刺激和浪漫感？

这天晚上，不妨选择一处临海的五星级饭店房间，头枕着他，仰望大海，倾听涛声。或者情难自抑时，去海滩上尝试一次云雨之欢。

性爱天体——张家界的森林氧吧

报纸上报载，张家界森林，南方某海岛，还有哈尔滨太阳岛，都有许多男女自然天体。当然，不是让你们去天体营中“有伤风化”，而是选择一片私密地点，来一场两个人的天体运动。

地点可以是一池潭水边，可以是一处空旷的露天森林——想想看，影视片中总有一个经典形象是：那个女主人公在潭边梳洗，那个男人血脉贲张。互相变成彼此的时装模特吧，在无人的大自然中尽情展现身体之美。

去国外陌生影院看一场情色电影

一起去国外某个成人影院看一场午夜电影吧。那里灯影昏暗，没有人认识你，周围都是陌生的面孔，他们同样暧昧而心存渴望。

午夜电影的缠绵镜头让你们仿佛也坐立不安。于是，不妨抓紧机会，在黑暗的影院里偷袭他。没有错，这很下流，可是在异乡，谁能认识你？为何不放下平时的一本正经和淑女作风，让自己彻底恢复动物性？

无人公共露天古堡

很多情色片里都有这样的情节：在某一处建筑的露台上，男人女人像回归天体的亚当夏娃，彼此纠缠，所以，才会有楼顶露营族。

现在，你们旅行到某一处古堡了，里面空无一人，只有无尽的风和旷野。看似危险，但越是最危险的地方，往往越安全。躺在空旷无人的操场上，天当背，地当床，那种开阔裸露感，一定让你们的激情无所顾忌地宣泄。

潜水做爱的水下漫步

游泳池是用来游泳的，但是为什么就不能在里面做爱呢？

选择某个度假村，夜深人静时，在人少到只有你和他的时候，两个人亲吻着进入状态，水面上是波光粼粼，而水下的你们也已经是“无法无天”。在水的浮力下，你享受着如梦如幻的感觉，他的脸像月光的余晖那样美。

如果真的有那么一个机会，最好还是带几件衣服，以免别人突然闯入你们什么遮掩也没有。多做些事前的准备，如前戏，不要到时条件不足而令做爱夭折；也多利用水的浮力，你们可以尝试很多新的姿势。

②性爱旅行安全手册之 5 项注意

旅行前你的杀伤性武器

准备工作非常重要，可能直接影响性爱旅行的质量。女人多备几件“杀伤性武器”非常有必要，千万不能偷懒！性感艳丽的比基尼泳衣，欲火撩人的内衣，薄如轻纱的睡衣，迷幻诱人的香水……把自己打扮成人间尤物，是在床上打动男人最有效的方法。这些准备都要瞒着对方悄悄做好，给他一个惊喜，让他眼前一亮。

做好安全防范措施

重要的安全防范“措施”要做好，如果不放心外地的安全套质量，还是事先在大超市购买全球最好的品牌。

要格外注重健康和安全

在享受新鲜而美好性爱的同时，要格外注重安全和健康。野外性生活虽然刺激，但不宜经常尝试。虽然美好的自然环境很容易激发爱侣的激情，但卫生状况永远是保证性爱健康的第一要素。环境温馨、干净的酒店才是最佳选择。

浸浴环境容易带来交叉感染，尤其是女性，一定要确认公共浴池经过严格消毒后再浸泡。虽然酒店会为大家准备好洁净的浴巾，但最好还是随身携带自己的毛巾。女性在泡温泉后最好选择淋浴的方式进行最后清洁。

旅行中要节制性爱

旅行的兴奋很可能掩盖身体的疲劳感，因此，即使是在蜜月中，性生活也一定要节制，以第二天不感到疲劳、精神尚佳为准。

不刻意追求高难度

除非你们外出不干别的就只是为了亲热，否则度假期间的性爱只能当“点心”而不要当成“主菜”。如果你把一些平时不敢做的高难度姿势和方法放到假期中重点练兵，例如在高山野外采用你们平日没磨合过的高难度体位，那些特殊环境中的安全问题很值得商榷，你们对新玩意儿尚没把握的话，万一发生意外败坏了性趣，岂不是得不偿失？

第5计

健康你的性心理

别人的快感好似洪水涛天，你却波澜不惊，甚至纹丝不动。

别人可能一日无性不欢，你却十天半月的无性也无动于衷。

别人都在议论快感是如何的令人沉醉，你却像外星人一样，怀疑这是真的吗？

……

如果你有以上表现，你可能属于“性快感处女”了。所谓的性快感处女，是指在性生活中体验不到快感，它既包含性冷淡，但同时又有着方方面面的原因。

一．五类性快感处女的心因性分析

别人的快感好似洪水涛天，你却波澜不惊，甚至纹丝不动。

别人可能一日无性不欢，你却十天半月的无性也无动于衷。

别人都在议论快感是如何的令人沉醉，你却像外星人一样，怀疑这是真的吗？

……

如果你有以上表现，你可能属于“性快感处女”了。所谓的性快感处女，是指在性生活中体验不到快感，它既包含性冷淡，但同时又有着方方面面的原因。

1 我那小时候的不愉快往事

艾琳永远忘不了中学时代的一件往事。那是一个冬天的夜晚，她去一位女同学家参加她的生日聚会。女同学的哥哥是那一带有名的浪荡子，虽然长得高大英俊，但爱占女孩便宜的坏名声四处传扬。大家在生日聚会上闹哄哄到半夜，艾琳去上洗手间时，女同学的哥哥尾随在她身后，突然强制要求她看自己的性器，并且坏笑着不让艾琳吱声，理由是他反正已经名声在外，艾琳如果嚷出去，有损她的名声。

事后艾琳感到恶心极了。她从此觉得很多男人都有些变态。因为那次恐怖的经历，她后来和老公亲热时，老公一碰触她的身体就会让她感到紧张，又何谈所谓快感？

心理解读：

关于性，许多专家会告诉我们，幼年时期的一些刺激性的体验，会影响我们的一生，它们甚至主宰着我们日后对性的态度。

有的女孩可能在以前受过一些不怀好意的侵犯，那些恐惧的伤害会以心理阴影的形式，影响着她们的生活。有一位曾被人性骚扰过的女孩说，有时她半夜里尖叫着被梦吓醒，以至于对性产生厌恶的心理。

碰到这种情况，一方面可以去医院找心理医生，讲出曾经的遭遇，舒缓内心伤害；同时和配偶讲出内心的感受，获取他的支持和帮助。一味地压在心里，不利于你重新面对今天的生活。

2 我的快感为什么总远在天边?

琳达和亲爱的老公最近都有些害怕上床。“宝贝，我们是不是有些问题？”琳达的老公忧心忡忡地说。原因是这样的：最近几天晚上，老公挥汗如雨，卖力表现，好多次，他的快感呼之欲出，但琳达传说中的快感似乎远在天边。

没有办法，为了成为一个体贴的好丈夫，老公以钢铁志士般的精神克制着自己的喷薄欲出，耐心等待琳达的快感出现。但越是着急，那要命的快感仿佛越是难以出现，最后，老公大汗淋漓，快累成工伤，而琳达却麻木成了没有感受的木乃伊一般。琳达不明白，为什么她的性爱变成苦役？时间越长反倒越没有感觉了？

心理解读：

事实上，许多性学专家的报告显示，真正完美同步的高潮极少。如果为了同步高潮，另一方一味等待压抑，物极必反，反倒获取高潮的感觉没有了。就像一个经常自慰的男士慢慢反倒不能通过正常性爱找到欢乐一样。所以，现实的办法是：一方先顺其自然地达到高潮了，另一方不如通过其他方式，帮助对方达到高潮。

性爱要的就是那种自然感受，一心想着快感，心理紧张有余，反倒忽略身体的感受。所以，当快感没有及时出现时，不妨放轻松，顺其自然。

3 为什么我是钝感分子?

比起琳达，子悦觉得她是性爱钝感分子。她虽然有快感，但是每一次都好像强度不高。在她看来，真正的快感应该是海啸一样，天崩地裂，但是她的快感仿佛闷雷，悄悄地震动一下，就没有了踪影。而且更多时候，她甚至毫无体验那种震动的能力。

她怀疑是自己的身体感受力有问题？这个时代正在制造性敏感分子，在子悦看来，她就是性爱钝感分子——因为身体的迟钝，没有办法感受到强烈的快感。

“难道，我就是传说中的石女吗？我对性快感毫无感受力？”子悦忧心忡忡地说。

心理解读：

性的敏感力既来自先天，也来自后天的训练，如果你对性的感受不那么强烈，尝试做以下一些事情：1，短时间的禁欲，“期待性爱”会让真正的性爱来临时，你的高潮感受更加强烈。2，是否最近工作太忙了？许多女性体验过这样的感觉：当工作疲惫，身体麻木时，勉强性爱也不是那么快乐，反倒是夜深人静休息好后，放松的身体对于高潮的体验更加强烈。

另外，快感强度因人而异。性爱和感情一样，如果一定要量化国家标准，实在是庸人自扰，所以最好的办法是，放弃那些地震强度理论，重要的是自己感受到快乐就可以了。

4 我为什么有性洁癖？

在米米的老公看来，她真是性爱护士班毕业的。她不但厌恶丈夫的性器官，厌恶性行为，每次做爱前都不但身体力行地将自己清洗三遍，同时要求丈夫也将自己清洗三遍，否则坚决不许丈夫和自己同床。

在一系列的“清洗运动”折磨后，米米可怜的丈夫早已性趣大减，雄风不再。结果要么出现了器质性障碍，要么恼羞成怒，和妻子大吵一架后，因为床上这件事情的不和谐，各奔东西。而米米也干脆觉得，性这件事情，其实一点乐趣也没有，不做也罢。

心理解读：

我们的文化里，总有一种仇视性，厌恶性的倾向。婚姻里的性关系是干净的，婚姻外的性关系则是肮脏的；传教士式的男上女下的姿势是干净的，其他诸如口爱，后进式的姿势是肮脏的；在床上点上熏香播放轻音乐过性生活是干净的，跑到不洁的浴室间随便做，则是肮脏的……

当然，也确实有些所谓“臭男人”在性生活中不注重卫生，比如不加清洗就上床，或者不做口腔卫生等，结果给女性留下了心理阴影，性洁癖就此产生了。心理学的建议是；由性洁癖产生的性冷淡，首先要摆脱性是肮脏的心理暗示，其次是改变对性的完美主义倾向：即所有的性必须是浪漫而洁净的，不能允许有一丝一毫的瑕疵。

5 高学历的女人性冷淡？

国外的性调查曾经显示，高学历的女人容易性冷淡。

博士金就是这样，她一心读书，对风月男女总是嗤之以鼻。她总幻想萨特波伏娃式的精神知己，看不起肉欲，觉得那是浮浪之徒的事情。

因为一直热爱读书，金越来越没有风情了。她懒得打扮，她太注重内心了，她讨厌对男人搔首弄姿，讨厌超短裙，讨厌一切过于出位的举动。她拒绝谈性，她认为那是肉欲的，只有精神至上的爱情才叫做真正的爱情。如果哪一个男人对她开点情色玩笑，她立刻拉下脸来，觉得这是男人对自己的侵犯。

当然，她也体验不到性的快乐。

心理解读：

老弗洛伊德的理论认为，越是文明，其实越压抑性。在他看来，文明是性压抑的结果。这句话可以这样解释：一个学历越高的女人，可能越印证着她成功地升华了性欲望。她以克制性的努力，换取了事业的成功。

其次是教养和知识，有时会损害性。她小时候是个好女孩，一心努力读书，绝不和坏男孩为伍。她规矩，严肃，没有所谓的风骚性感等。还有些高知女性，因为有太多的淑女礼仪等，结果“不能这样做，不能那样做”，上了床后到处都是地雷——一个受着严格束缚的女人，只能越来越对性敬而远之。

二．重视你的性梦

也许某一天夜里，你从一个美好的性梦中醒来。梦中的感觉回味无穷，但让你尴尬的是，那个梦中与你缠绵的男人，并非你的丈夫。丈夫正在身边均匀地呼吸，你脸红心跳，又有些淡淡的惆怅，你不明白自己为什么会和丈夫“同床异梦”，是否你们的性不和谐了？

专家告诉你，如果当你频繁地做着性梦时，可能是你的性出问题了。有一句话说是：梦是白日生活压抑的升华和反映，受着众多现实的制约。你那些众多关于性的意念，可能难以伸张和言说，但在梦中，它们便如脱缰的野马一般，以各种奇形怪状的幻象显现出来。

事实上，重视你的性梦，把它看成了解你的现实生活的一扇窗口，有助于你更加美好地生活。

1 我为什么会做那些梦？

（受访者：艾云，女，32 岁，外资公司销售代表）

“在梦中，他是那样的英俊迷人，好像是我暗恋的一位男同事。在一片无边无际的森林里，我们追逐着，缠绕着，他的吻轻柔而甜蜜，他的双眼流露着熊熊燃烧的激情，他的拥抱健壮有力，躺在他的怀里，我觉得自己找到那种被人保护的安全感。我们在梦里做完了我渴望的一切，醒来正是寂静的凌晨，我睡不着觉，一个人在黑暗中回味着梦境中的感觉，觉得幸福而又担心，我是不是爱上我的男同事了？我这叫做精神出轨吗？”

“白天再去上班，看到男同事那张英俊的脸，再想想在梦里与他纠缠的情景，我觉得很不好意思，甚至不敢直视他的眼睛，这个秘密我一直没有告诉丈夫，我不敢想象他知道我的梦后，会是怎样的反应？”

心理解读：

许多女性都有过这样的梦境：和一个自己暗恋的男人在梦中发生性行为。专家会告诉你，这是一种非常正常的性梦，它和外遇的发生并没有直接的联系，尽管它可能表明你喜欢上了某一个男人，将他视作你的性幻想对象，但你从来不敢流露出你的这种喜欢，于是，性梦让你实现了你的心愿。

女性在一生中，肯定会喜欢上众多的男性。丈夫是唯一与自己牵手共度的伴侣，但这并不意味随着你的婚姻的确立，你不再喜欢其他男性了，不再在潜意识里视他们为性对象了。

但有些梦还是需要引起你的重视的：频繁地和同一个对象在梦中发生性关系，意味着你对他的暗恋已不可阻止。这通常是外遇的先兆，你强烈地爱上他了，和他在一起的性欲望甚至超过了丈夫。这时候，你大概需要反思自己的婚姻潜在的问题。至于是选择坚守、离婚、或是外遇，那不是性梦所能够教你解决的。但性梦给你打开了一个问题的开关，意味着你需要重视你婚姻中存在的问题。

2 和丈夫在一起的性梦

（受访者：Arry，画家，34 岁）

很长一段时间以来，在我们的性生活中，我都无法体会到高潮的滋味，有时候看着丈夫达到欲望的巅峰，心满意足睡过去的神情，我却在黑夜中辗转反侧。我不明白到底是我的问题，还是我们的问题，或者是丈夫的问题？为什么我总是达不到高潮？为什么高潮仿佛就是男人的专利？想到这一点，我就感到特别沮丧，觉得有许多欲望被压抑。

那几天，我经常在频繁地做梦。我和丈夫在一起，他非常温柔细心地照顾我，我们有时在河边，在森林中的草地上，有一次，甚至在露天的阳台上，丈夫像变换了一个人似的，按照我的意愿，让我得到前所未有的满足。

醒来后，虽然感觉空空如也，感到特别的惆怅，但那种感觉让我体会到了梦中的高潮，以至于梦醒后的很长一段时间里，我都愿意偎在枕头里，希望再睡一会儿，再能入梦，长睡不愿醒。

心理解读：

《海蒂性学报告：女人卷》中，许多女人抱怨，在她们的性生活中，自己很少达到高潮，与此相对应的是，在女人的自慰中，99% 的女人反映，她们反倒能体会到高潮的快乐。随着女性主义的意识逐渐深入人心，女人们已经发现，自己难以达到高潮的原因，通常不在女人自身，而在于男人对女人高潮的缺乏了解，不够细心呵护、照顾等有关。

来自中国潘绥铭、刘达临、李银河等人所作的调查显示，中国女性在婚姻中的性满意度，远远低于男性，大量的女性的性欲求，在婚姻的外衣下被掩盖、忽视、压制。

但女人们内心的声音和需求是不能被压抑的，婚姻中的女性也许缺乏众多渠道勇敢地说出自己想要性高潮，但是她们的梦境，忠实地反映了她们的心声。

当婚姻中的你，频繁地在梦中和丈夫发生令你更加心满意足的性行为时，专家会告诉你，那可能是因为你有很多的欲望没有得到满足，你和丈夫的交流不够充分，你希望你们有所改变，性生活的质量更能提升。

在倾听了你的内心的声音后，你便需要找出解决的办法。长期的性压抑只会让你的心情烦躁，情绪郁闷等。而你不说出你的感受，或者掩盖你的真实的感受，丈夫怎么会真正了解你的感受呢？绝不可以曲意伪饰自己的快乐，当你的快乐不够时，向丈夫讲出来寻求他的帮助。毕竟，你们有爱情做基础，相信在爱的前提下，丈夫会千方百计的让你获得更多的快乐。

3 那些年少时的记忆

（受访者：安旭，28 岁，教师）

还是在少女时代的一件往事，一直潜藏在我的内心。那是一个冬天的夜晚，我去一位女同学家参加她的生日聚会。女同学的哥哥是那里一带有名的浪荡子，虽然长得高大英俊，但爱占女孩便宜的坏名声四处传扬。大家在生日聚会上闹哄哄到半夜，我去上洗手间时，女同学的哥哥尾随在我身后，突然强吻了我，并且坏笑着我不让我吱声，理由是他反正已经名声在外，我如果嚷出去，有损我的名声。

事后我虽然又恼又羞，但不知为什么，经常会想起他的那坏坏的如马龙，白兰度似的神情，那种在猝不及防中被侵犯、掠夺、征服，让我体会到了少女情怀的刺激和新鲜感。

所以，前些日子，深夜里我会做这样的梦：我和同学的哥哥纠缠在一起，奇异的是，他带给我的不是痛苦，而是甜蜜的，非常刺激性的体验，以至于梦醒后，那种清晰的记忆至今不能忘怀，我不知道做这样的梦，是不是意味着我是一个坏女人？内心里有很多不好的想法？

心理解读：

关于性，许多专家会告诉我们：幼年时期的一些刺激性的体验，会影响我们的一生，它们甚至主宰着我们日后对性的态度。

有的女性会对那些在主流社会看来，不可思议的性侵犯记忆犹新，如安旭所讲述的体验那样。为什么“坏男人”反倒在某些时候，更能激起女人内心的激情，产生爱的体验，甚至将那些体验保留终生呢？

原因或许极其复杂，比如生物、心理、性别的因素等，但一个重要的不可否认的原因是：在女人幼年时，社会是这样教导女人的：一个不太懂性的女人，是淑女，更符合社会对“好女人”的期待。女人最好在性面前一无所知，纯洁得如一张白纸，等待男人来开掘，这种观念强化了女人内心里认为性是羞耻的，肮脏的想法，所以关于性，她们在某些时候，表现出一些矛盾的态度：一方面，内心的自然需求，生物基础的欲望等使得她们渴望性；另一方面，社会观念的压制等，又使得她们在性面前节制、含蓄、内敛，甚至装作无知。所以，一个“坏男人”的出现，是激发了女性内心真实的欲望，从而给女性留下了刻骨铭心的印象。

所以，假如你做一些被“坏男人”挑逗的性梦，大可不必感到羞愧，“食色，性也”，为什么要对性感到不安呢？

当然，有这样的一种极端的情况值得重视：有的女性可能在以前受过一些不怀好意的侵犯，那些恐惧的伤害会以梦的形式，影响着她们的生活。有一位曾被人性骚扰过的女性说，有时她半夜里尖叫着被梦吓醒，以至于对性产生厌恶的心理。

碰到这种情况，就需要去医院找心理医生了，讲出曾经的遭遇，舒缓内心伤害，有助于你重新面对今天的生活。

4 重视你的性梦

伟大的弗洛伊德说过：梦是潜意识的显现。所以，梦往往是我们内心世界的真实流露，尽管它经常被我们忽视。

弗洛伊德认为，许多的梦都可以用性来解释。对于普通人来说，或许缺乏专业的释梦知识，对于那些奇形怪状的梦的意象，根本不知所云。这是长期以来，我们对性梦采取忽视态度的重要原因。然而，一个人如果重视自己的梦，他会得到什么呢？在繁忙的生活中，我们倾听自己内心的声音，了解我们真实的欲求，将有助于在喧嚣中保持内心的自省，以此不至于在人生的航程中偏斜；我们重视自己的梦，将对生活中正在出现的问题有所警醒，因此，才能防患于未然。

三．五类单女之色戒十日谈

美国《基督教科学箴言报》有一篇文章说：她们拥有高薪收入，爱情时断时续，她们享受性、自我、独立、坚强——这是今天全世界越来越多的大都市单女的写照。

所以，《欲望都市》里的萨曼莎说，她才不愿意结婚呢，否则怎么能总是寻欢作乐地享受到如此丰富的性？然而，单女们并不一定都是豪放的萨曼莎，你的性生活是阳光灿烂还是愁云惨雾，取决于你的“色戒”态度如何。

1 干物女

你越来越修得禁欲心经了。你是新时代的女版柳下惠，即使走在街上你也对周润发式的帅哥目不斜视。你的床头边摆着静修书，每天睡觉前，你会诵读一段静心经，让自己励志养性。至于性的高潮，好像还是上个世纪的事情。

人人夸你脸上带着修女般的沉静，波澜不惊，脸色苍白，目光沉着，如今流行一个词叫做“干物女”，你好像就是干物女的代表。

关键词解释：禁欲

禁欲，确实是一件好像摆脱红尘烦恼的举动，当别的女人“国不可一日无君，她不可一日无男人”时，你对男人如此具有免疫力。但是禁欲真能解决一切吗？看看你为什么禁欲吧！

1. 对性怀有不洁感：可能你小时候受过性伤害，可能你生长在一个清教气氛浓重的家庭，可能受过很深的性耻感的影响。

2. 从爱情到性，有一段千山万水的路。爱情很难找，但性总是唾手可得。问题是，你受的教育一定是如果没有爱，怎能发生性？所以，宁愿千年等一回有爱的性，也不可错享受一回无爱的性。

3. 自慰依赖症。当找男人是一件很麻烦的事情时，你是否开始了一段自己寻找快乐的隐秘之旅？虽然孤独，可是心理上认同。确实有一部分自闭性格的人，更容易依赖自慰来寻找性欢乐，然后直至上瘾。

干物女色戒：

1. 禁自己的欲，由他人去说吧。如果感觉自然，为什么一定要遵从别人一日多少次的标准？

2. 追求性快乐，无罪无耻。否则，你就需要去看心理医生了，为什么你对性有这样的压抑感？

干物女链接：

电影《女钢琴师》：

她走在人群中，脸色苍白，她好像与世无争，但内心蕴藏着如此波澜起伏的欲望。欲望是一只不死鸟，逼迫得她用近乎自残的举动缓解性，直到遇到一个倾心爱她的男人，可是她依然无法坦然享受性。

《女钢琴师》告诉我们，一个女人，如果不能有良好的心态面对性，她的生命将充满了怎样的悲剧性。

② 狂放型

女人可以像男人一样寻欢作乐吗？

《好想好想谈恋爱》中的毛纳说，怎么不能？为什么只允许男人寻欢作乐？

她的话代表了今天很多都市单女的心态。于是，你换男人如换衣服，夜夜酒吧笙歌，欢场流连。你是当代麦当娜，麦当娜温柔地返朴归真相夫教子去了，可是你却根本无心作倦鸟归家，你要好好享受单身时光。

你的私生活永远是大楼里按电梯的大妈议论的对象，因为你每天带回家的男人都不一样——这挑战着道德，让她们瞠目结舌。

豪放女关键词：放纵

当干物女们心静如水时，豪放女们却是欲海情天不断。你为什么放纵？

1. 没有安全感。放纵不是真为了性，而是为了下班以后，不至于那么早回家，或者回家以后，还能有一个人陪着说说话。心理学上认为，纵欲的人往往没有安全感，她需要通过不断地和别人发生性关系来体会安全感的存在。

2. 解放宣言。也许，你并不真的放纵，但性是一面旗帜，昭示着你反传统的倾向。你的经典名言是：女人，为什么不可以像男人一样寻欢作乐？

3. 性享乐派。你是真的享受到性了。所以，着迷、上瘾、大方、坦然。

4. 享用男人：男人，也是享用的对象。为什么不能像他们一样，只动身体不动感情？或者当他们动感情时，及时抽身而退？

豪放女色戒：

1. 注意性健康。无论任何时候出门，请带上安全套。不要在酒吧里将陌生男人轻易带回家，更不要轻易去陌生男人的家。

2. 性是实验，但安全第一，所以不要轻易尝试危险的性方式。

豪放女链接:《欲望都市》之萨曼莎

再没有一个人像她如此真诚可爱地对待性？又没有一个女人像她这样让男人又爱又恨？她是豪放女的代表，所以现实中的“萨曼莎”获得艾美奖最佳女演员时感慨万千地说:“我这个奖获得最不容易，是通过多少次嘿休换来的”。

3 爱情饥渴型

你是性的缠绵分子，你既不干物，也不豪放，但你的弱点是，只要和一个男人上床了，你的爱情童话就产生了。

男人的爱情通常是和一个女人上床后，便结束了；女人的故事通常在一个男人上床后，便开始了。你便是如此。你的身体是现代的，思想是昨天的。于是，你总是痛苦不断，因为你的痴缠让许多男人闻风丧胆，他们本来想和你寻欢作乐，但结果，你却要变成他们的妻。

爱情饥渴型关键词：爱情之毒

你意识到你要像男人一样寻欢作乐，但你的基因告诉你，你依然是爱情动物？你大方，坦然地享受性，但过后，却总是不知不觉地陷入感情的纠缠之中，然后变成望夫女，等着那个情感已降为冰度的男人。

为什么？

1. 他是花花公子。让你最深刻难忘的男人是谁？也许有很多，但那个能带给你性高潮与心满意足的男人一定最难忘。波伏娃认为，女人正因为长期压抑性，所以越是坏男人越容易开启女人内心隐秘世界的窗口。他很坏，但他的坏击中了她的心魂。

2. 由性到爱。爱是什么？作家杜拉斯说，如果不是肉体产生的激情，它还是什么？他带给你性快乐，于是你由性到爱。

3. 贤淑分子。虽然你观念现代，但你的基因认为：既然和他有了性，我就是他的人了，他就得对我负责了。

爱情饥渴型色戒：

1. 不是所有上床的对象，最后都能够成为恋人。所以，如果输不起，不要轻易沾惹那些花花公子。他们适合和《欲望都市》里的萨曼莎过招。

2. 别轻易说出你的爱。最好的情人相处之道是什么？你近他远，你远他近。所以，要想获得由性到爱，要用些相处技巧。

爱情饥渴型链接：《好想好想谈恋爱》之谭艾琳

总是对一个男人情不自禁，即使明明知道他是花花公子，可是身不由己地纠缠其中。最后，只有遍体鳞伤地离去。

4 结婚狂

我要答应他吗？

深夜的午夜电台里，一位女子忧心忡忡地问。她一直单身，想结婚都快想疯了。最近她谈了一个男友，男友想先和她上床再结婚，她担心会不会上床后，男友如黄鹤一般杳无音信？

“我要不要用性来套牢他，他和我上床了，就得对我负责，就得乖乖和我结婚了？”

结婚狂关键词：婚姻筹码

你是不是总拿性当筹码？有时希望通过性来拴住他的心。之所以这样做，你可能因为：

1. 我和他有过鱼水之欢，我就是他的人了。这说明你的女性意识还需要进化。

2. 性是工具。有女人得意地说：性是女人射向男人最好的利器。问题是，这利器不是当成攻心战术，而是当成交换筹码。

3. 缺乏自信。什么样的人需要通过某种东西掌控另一个人？缺乏自信的人。因为缺乏自信，所以自己能拥有的只有天然的性资本。

结婚狂色戒：

1. 用性来敲诈，有时，可能一时得逞，但事后会让他离开你更快。

2. 体会性本来的欢乐吧，倘若对性怀有别的目的只能分离自己的身与心，无法体会性本来的欢乐——放轻松。

结婚狂链接：《粉红女郎》之“刘若英”

为了结婚，她无所不用其极，婚姻真的是女人的宿命吗？看看那位让人啼笑皆非的结婚狂，也许我们相信是的，有些单女为了早日让自己变成已婚女，完全可以把性当成手段。

5 望夫型

我们都是《周渔的火车》吗？

很多人都是的。在《M 型社会》中，大前研一说，随着全球一体化的到来，许多夫妻随着工作的变动，只好选择长期两地分居。于是，即使有婚姻，你也只好划归单女行列，过着有名无实的已婚生活。

所以，你的性变成了 N 月一次或者 N 年一次。一方面是婚姻道德需要你保持禁欲，另一方面食色，性本能也，你每天也要面对深夜里涨动的欲望。

望夫型关键词：如何面对分居两地的性？

感情能经得起多久的分居？这是一个很难回答的问题，但分居确实会让你的性变得很麻烦，你可能会：

1. 抑郁：缺乏性和男欢女爱的丰饶，你会觉得生活了无意义。

2. 感情破裂：不要说谁是道德英雄，重要的是我们面对人性的坦诚——长期分居两地的无性生活，感情真能一直坚持吗？这时候，出轨或者外遇常常不可避免——尽管它是可以理解的。

望夫型“色戒”：

1. 借助现代科技：尝试电话性爱，网络视频性爱，对于分居两地的单女来说，其实都是不错的选择。不要为此感到不好意思。

2. 情趣用品：这不仅仅属于分居两地的单女，对于不想通过其他方式解决性的女人来说，情趣用品是最好的选择。

望夫型链接：法国电影之《少妇禁区》

理查的妻子因为和理查分居两地，只好靠偷情来缓解寂寞和压力，可是她却一点也不快乐。因为在她心里，这毕竟是一件见不得人的事情，可是她又有什么办法呢？

四．走出夫妻性爱误区

各种探索性技巧，性知识的书籍雨后春笋般冒出来，但我们满世界听到的依然是在性爱活动中，两性喋喋不休地相互抱怨声和指责声。男人指责女人在床上太保守，调动不了他们的“性趣”，女人则抱怨男人只顾自己贪图快感，毫不顾及她们的“性高潮”，草草完事后呼呼大睡，将她们晾在一边，内心充满了不被关爱和尊重的愤怒和屈辱。

也许真到了该我们反思当代两性生活的时候了。我们都知道，性爱活动反映着人类两性关系中最本质的部分，那种复杂的心理感受，那些微妙的探知，接触和碰撞，那些彼此合二为一的渴望，那种灵魂在天堂间的相遇相知，使得这项最简单也是最复杂的活动，如果说需要追求一个高质量的境界，绝不是靠男女双方中哪一方的努力可以单独达到的。

男人在性爱活动中应该注意一些什么，无须赘述，而女人，则应该从以下一些性爱活动的误区中走出来，更好地领略性爱的欢乐。

1 天生认为女人重情不重性，将性追求视作只是男人的事情

丁小云生在书香之家，从小的教诲是：女孩子在性上太主动是“风骚”的表现。丁小云牢记于心，和男友张凯结婚后，新婚之夜，丁小云羞羞答答地走进洞房，张凯看着花容月貌的新婚妻子，心急如火，然而，内心波涛澎湃的丁小云外表故意死水一潭，用张凯的话说是“躲在床上木偶一般，毫无反应”，搞得兴致高涨的张凯最后兴味索然，草草收场。

丁小云认为性追求的主动权利永远只在男人身上，女人是不应该太主动的，殊不知，男人渴望从所爱的女人身上，获得女人的回应。并不是所有在性行为中“犹抱琵琶半遮脸”的女人，都能进一步刺激男人们如狼似虎，恰恰相反，他们可能会认为，女人的冷淡、保守缘于自己的“毫无性魅力和性吸引力。”

2 不考虑对象的性开放

激进的女权主义者公开喊出“我要性高潮”的口号，理由是女人在性爱活动中，应该“像男人一样积极主动，甚至哪怕表现得像个荡妇一样”，从女性本位角度说，这绝对无可厚非，但特殊的性爱关系需要特殊的把握，一个性观念开放的女人遇上一位性观念保守的男人，结果会如何呢？

丽娜是一家外资公司的白领，早年就喜欢看麦当娜的电影，嘴里哼的是《我是一个坏女孩》，这么一个走在大街上，让行人侧目的女孩，却喜欢上了古典的中文讲师罗蔓。罗蔓崇尚古典文学作品中含羞似水的女孩，但也许经不起丽娜独特气质的吸引——古典和现代之间的吸引——他们结合了。

第一次做爱时，当罗蔓羞涩得像个“含羞似水”的女孩时，丽娜却表现得像个极具征服欲的男人那样。结果一场爱做下来，罗蔓疑惑顿生：她这

样主动，是不是有过很多性经验？是不是品质非常坏？是不是有些“风骚放荡”？总之，就差没把丽娜和潘金莲或者麦当娜相提并论。

半年后，他们分手了。

对于一些女权主义者来说，也许认为责任只在罗蔓的传统的性爱观念上，但是，性爱除了权利以外，还意味着尊重——尊重他即使不正确的性观念，如果你爱他，你就应该给他一段时间，让他慢慢接受你，适应你，最后达到契合的地步。

3 将性作为交换其他条件的筹码

杨霞半年前下岗了，丈夫成了全家经济的唯一来源。失掉独立经济生活的能力，杨霞回家后，顿感自己的弱势地位，哪怕几十块钱的正当要求，都得开口问丈夫要，更别说一些额外的要求了。

丈夫高兴时，还好说。不高兴时，再三盘查。杨霞感到自己剩下的能制约丈夫，与丈夫抗衡的唯一资本便是性了，于是，哪一天，丈夫不答应自己的要求时，就不和丈夫过性生活。直至丈夫就范。

久而久之，丈夫干脆选择了自慰。直至有一天被杨霞碰见。

家庭和社会关系中的不平等使得女性通常运用性手段来补偿这种不平等，当这个社会男人的强权地位，女人的弱势地位一天不改变时，这种交换行为就会大量存在，然而，悲哀的是，当女人将性抽离出来，使其成为附带着其他经济利益的活动时，起初也许还能奏效，久而久之，却只能造成两性关系之间更大的紧张。

4 丧失自我，为讨好丈夫伪装性高潮

文星的经历是这样的：丈夫刘军是个运动员，对自己的体格无比自信而骄傲，每次性爱活动中，他都会不停地询问文星的反应，以鼓舞自己的男子汉的自信心。深爱刘军的文星性高潮来得非常慢，往往是：当丈夫结束时，她的性感受刚被唤起，为了不让丈夫扫兴，文星每次都伪装性高潮般呻吟，博得刘军更加勇猛无比。

但有一天，当刘军终于发现妻子从来没有达到性高潮，一切都是她的伪装时，他的自信心轰然坍塌——刘军阳痿了。

一些统计资料表明，40 ~ 50% 的女人在性爱活动中，没有达到性高潮，但她们为讨好丈夫或是害怕丈夫认为自己不够“性魅力”，伪装性高潮的情况非常普遍。

实际上，在这种情况下，女人应该大胆地告诉丈夫自己的真实感受，让他停一停，和你同步，两个人的交流才是共同达到极乐境界的基础。

5 不想过性生活时就不必勉强

罗言天生体弱，因此在性频率上，明显低于身强体壮的丈夫，许多次，丈夫向她传达“性”意时，罗言本来没有性欲望，但为了满足丈夫的要求，或者害怕满足不了他，丈夫去外找别的女人，只好强作欢颜，压抑着自己的痛苦，和丈夫过性生活。

这对夫妻性关系的良性发展弊大于利，难怪愤怒的西方女权主者喊出“妻子不是丈夫不花钱的妓女，妓女还可以讨价还价，而妻子则连这点权利都没有了”的声音。

实际上，男人并不欢迎那种勉强过性生活的。许茹芸的歌唱得好“一场独角戏，自言自语的滋味有谁知。”如果丈夫得不到妻子最真实的内心回应，这样的性爱又怎么能完美呢?

告诉他你自己的感觉，探索你们同步的途径和方法。

6 认为婚后的性可以潦草应付

亚铃是这样的：婚前和男友袁刚“陈仓暗度”时，为了怕袁刚窥见自己起床时，蓬头垢面的样子，做爱后，非要袁刚去另一间卧室外睡，等到早晨梳洗后重新光艳照人时，才出现在袁刚面前。

那时，袁刚就这样迷醉于亚铃的百变形象，而对亚铃一直激情似火。

婚后，亚铃感觉自己反正也是袁刚的人了，袁刚也是自己的人了，再过性生活，还用得着布置得那样罗曼蒂克吗？于是，经常蓬头垢面，毫不装饰地就和袁刚上床，最可怕的一次是居然围着做饭的围布，手上油迹斑斑地就去了，袁刚简直无法将那个风尘沧桑的厨妇和以前貌若佳人的妻子相比，因而兴味索然。

每一次，夫妻间的性都应该是一次新的开始，是需要你去精心酝酿和布置的，将台灯的灯光调至温柔如梦，放一首《致爱丽丝》，卧室里摆一盆鲜花，常新的性爱感觉才能使男女之间的性关系更加趋于完美。

也许还有更多，女人在性关系中对于男人的适当赞美和鼓励，积极地和男人一起探索性的技艺和知识，等等，都能使两性之间的性爱增添更多的和谐和韵味。

这是一个泛性的时代，但从性的本质上说，技艺和知识只是性欢乐的手段的一部分，最原始的内心激情，爱意和吸引依然是性的长青之树，女人和男人的关系中，如果具有以上这些，便迈出了最重要的第一步，而性生命的和谐欢乐，给予人生的意义，自然不言而喻。

五．父母如何影响我们的性爱？

为什么你有性洁癖？

为什么你在性爱中感到身心紧张，常常无法完全放松？

为什么你越是在夫妻吵架时越需要性？

……

如果是这样，常常可能和你的父母有关。心理学家弗洛姆说：每一个人生下来都是一粒种子，能够长成什么样，不仅受着内在的驱动，常常也和环境的影响有关系。而父母的性态度和观念，常常潜移默化影响着我们的性。

1 那些痛苦的片断

一位女士回忆说，她第一次对性开始幻想的时候，有一天在床上夹住一个枕头，做出类似自慰的动作，不小心被母亲看见了。

结果她遭到了一阵痛骂，用她后来的话说是：母亲用最最难听的词语诅咒她，说她不要脸，等等。这让她当时羞愧难当，恨不得离家出走。当然，她和母亲的冲突就此种下。但更严重的是，她说：“母亲小时候总是对性如临大敌，她总是让我小心男人，说好女孩不应该想着性，好女孩应该冰清玉洁等。”

从此，她对性有一种耻感，总觉得性是不干净的，是类似第一次来例假时的恐慌，是需要远远躲避，并且压抑的。

她后来结婚了。

反映在结婚前，她就对男友接触她的身体，总是感到特别紧张，总觉得这是一种下流的事情，男人都不怀好意。但后来结婚了，总不能一味地躲避这种事情吧。没有办法，她硬着头皮上阵了。但没有任何传说中的甜蜜的性降临，在她看来，性就是苦役，是受罪。她觉得全身很紧张，无法放松。丈夫表现得很耐心，但是没有办法，她觉得身上到处都是不能碰触的地雷。

她们的婚姻遭遇了危机。

她来向我咨询，为什么我对性会有一种耻感呢？“其实，我的内心是渴望的，但是我总是不自信，或者不好意思”。这让她非常痛苦，一方面觉得对不起丈夫，另一方面又觉得陷入严重的内心冲突中。

2《钢琴教师》带给我们的启迪

著名影片《钢琴教师》中，诺贝尔文学奖获得者耶利克以自传的方式回忆了自己的童年母亲对她的性生活的影响。

她从小和母亲相依为命，母亲对她的性管教极严，并且常常诅咒她。这使她对性产生一种病态的心理，一方面她的本能地渴望性，但另一方面在实际生活中又逃避性。所以，当她教授钢琴课的男学生向她示爱，她内心喜欢他，但却在男学生向她求欢时，总在关键时刻拒绝他。

她自虐，越压抑越疯狂，有时甚至让自己遍体鳞伤。男学生无法理解她的怪异举动，只有她清楚，自己为什么会这样？

《钢琴教师》是一部典型的母亲影响了女儿的性心理，以致成人后，女儿在内心欲望和道德之间挣扎的艺术杰作。诺贝尔文学奖获得者耶利克在接受记者访谈时，认为自己母亲对她的性心理影响极大。

父母到底对我们有哪些影响呢？

影响 1：性很神秘

表现：慌张，躲躲闪闪，如临大敌

父母做爱被子女不小心看见，他们惊慌、斥责。这让我们小时候在心里想：性是不是见不得人的事情？很神秘，刺激。越是神秘的事情越要探个究竟，所以很可能早熟，或者早恋，过早发生性行为。

工作在外企的 28 岁的琳达就回忆说，她小时候看见父母做爱后，父母慌乱的样子让她很好奇。结果不到 15 岁，有一天她就特别想和男同学尝试那种神秘的让父母慌成一团的事情。“完全是好奇。”她后来总结说。

结果可想而知，她怀孕了。没有人教会她正确的避孕方法。

从国外回来的情感专栏作家方真认为，许多西方国家的父母，在孩子不小心看见自己的亲热行为后，会抓住契机，对孩子进行性教育。这和我们传统文化的总是对性“欺，堵，瞒，骗”有很大的区别。

影响 2：好女孩不应该想着性

表现：不让孩子接触性，进行性清教教育

弗洛伊德发现，维多利亚时期的许多女性，患有一种极度的神经分裂症，也称癔症。因为当时的文化让女人极度压抑性，所以许多女人有一种歇斯底里的表现。

弗洛伊德认为，极度的清教教育，常常是许多女性精神分裂的原因之一。

32 岁的枫回忆自己小时候，母亲总是对她说，好女孩不应该想着性。母亲把家里所有和性有关的信息坚壁清野。有一次她和母亲一起看电视，电视里刚闪现一个关灯后男演员和女演员亲热的场景，母亲立刻眼疾手快地拿过遥控器换台看广告。

她被母亲一心按照淑女风格教育，比如不能和男孩发生婚前性行为，不能随便交男朋友等，总之，她必须是童话中的白雪公主，不能想着性。

结果是她婚后有性冷淡。用她丈夫的话说是：她像个花岗岩，总是冷苦冰霜，缺乏激情，甚至没有生活情趣。

影响 3：用性来解决矛盾

表现：性惩罚

26 岁的阿雪回忆自己小时候，一直不明白为什么总有那么几天，父亲对母亲低声下气，而母亲又像个骄傲的公主一样，对父亲颐指气使。

后来她才明白，因为父亲那几天想和母亲亲热。但每一次母亲像恩施般的老佛爷普度众生一样，要让父亲答应一些条件，才和他过性生活。比如买漂亮的衣服，比如少干家务等。

而在阿雪的回忆中，好像只要那几天提要求，父亲没有不答应的。

这让阿雪觉得，关于性，总是男人沾光，女人吃亏的；总是男人得到，女人付出的，所以，女人要抓紧那几天提要求。

她后来继承了母亲的衣钵，和丈夫结婚后，经常对丈夫施行性惩罚。但是新时代了，丈夫无法再容忍她。她们的感情陷入了僵局中。

影响 4：皮肤饥渴症

表现：更多的外遇

30 岁的海拉尔小时候特别痛恨母亲。那时候，父亲工作特别忙，母亲是一个家庭主妇。她经常看见母亲在家里看什么都不顺眼，打骂孩子，甚至诅咒该死的父亲总是不回家。

直到有一次，她发现了母亲的秘密——她和另一个男人偷情。

偷情后，母亲变得容光焕发，每次回来，会给她带礼物，并且那几天对她好极了。可是她痛恨母亲，觉得是母亲背叛了父亲。她想长大后，无论如何不能做一个像母亲那样的女人。

但是她的婚姻延续了母亲的轨迹。在她和丈夫的感情陷入冷淡期后，她也选择了外遇。心理学家说过：外遇之所以能够传染，是有其科学解释的。比如专家的调查发现，那些父母有过外遇的，儿女日后在婚姻中的不忠表现，要大于婚姻模范的父母家庭中长大的孩子。

长大后的海拉尔，明白了母亲当年的心境。她当年之所以外遇，是因为内心的不安全感。外遇，一定是因为情感没有得到满足。

3 一切，要怪罪于父母吗？

一切，要怪罪于父母吗？

著名女权主义学者弗里丹在《女性的奥秘》一书中曾经指斥了男性性心

理学家，诸如弗洛伊德、弗洛姆、荣格等人的观点。后者常常把儿女长大成人后的一切神经错乱的举动，归结于他们的童年有一个神经质的母亲。

弗里丹承认，确实母亲会深刻影响孩子的行为，但是说到底，母亲的行为，又是受着祖母的影响，而祖母呢？这样一个女性对性的思维链，归根到底常常是文化的影响。

所以，日后我们在性中出现的许多问题，比如性的神经质，比如性放纵，性的罪感与耻感，性的禁忌冲动等，与其说是父母影响了我们，不如说是父母的文化影响了我们。

只是，由于父母没有很好地挣脱文化的不利影响，给我们正确的性教育等。

所以，越来越多的性学家倾向于认为，父母对孩子的性影响，最本质的还是生理上的影响。

父母的基因影响了我们是一个性放纵还是一个性清教徒？

父母的体质传承，影响了我们是"一日不做爱如隔三秋"，还是做一次便觉得伤筋动骨？

父母对性属于敏感体质，还是钝感体质？

……

这一切，目前还没有确切的答案，都需要科学家越来越深入的研究。在纷繁的生命地图面前，正如有的长寿家族因为基因传承世代长寿，有的风流家族接连出的都是花心大少一样，我们确实有必要对遗传基因和性之间的神秘关系，保持足够的敬畏之心。

那时候，我们就不会一切怪罪于自己，或者怪罪于父母；那时，我们就会对性的差异性保持平常之心，并且努力调整自己，拥有完整人生。

第 6 计

护卫你的性健康

性爱与自然的异曲同工之处在于：讲究和谐与平衡，讲究可持续发展。

只有尊重自然规律，讲究天人合一，我们才能拥有长久和谐的性爱。

一．平衡你的性生态

导语：性爱与自然的异曲同工之处在于：讲究和谐与平衡，讲究可持续发展。

只有尊重自然规律，讲究天人合一，我们才能拥有长久和谐的性爱。

1 欢迎来到绿色时代

这是一个性爱泛滥且奔涌不息的时代。

当曾经的各种性禁忌被纷纷推翻，性无处不在。

但是，我们发现，欲望和不加节制的背后，男人和女人正在陷入另一种困境：爱无能，审美疲劳，激情丧失等。仿佛曾经经济飞速发展不注重环保的社会一样，人们过度透支自己的性爱资源后，造成了一大堆后遗症。

于是，最早提倡性解放的西方国家的夫妻们，在经历了痛苦的反思后，开始了性爱的绿色环保之路。性爱绿色潮流的观点认为：性环保，内在概念应该是讲究可持续发展，讲究和谐与养生。人的身体和激情不能被无限制地开发和利用。从外在来说，绿色性爱应该尽可能借助自然的条件，让自己的性爱更具备生机和能量。

许多人把目光投向了东方，关注中国的性爱养生学、印度的性爱瑜伽等，这些方式仿佛更具有天然的性爱真理，更符合天人合一的道理。

2 小测试：你是几级性爱绿色主义者？

内修版：修身心之和谐

1. 你们知道行房有度吗？

A. 不知道，想来就来，激情来了哪管那么多养生术　0分

B. 知道，我们很注重性生活的规律和科学　1分

2. 你们会适度禁欲吗？

A. 不是，我们只听凭内心激情的召唤　0分

B. 会的，我们明白适度禁欲是保持激情性爱的必要条件　1分

3. 你们相信性爱有最佳时间吗？

A. 不相信，这太限制人性了　0分

B. 相信，这符合自然科学　1分

4. 你们尝试过优生学吗？

A. 听说过，但不知道怎么尝试　0分

B. 很懂，现在的小宝宝就是优生结果　1分

5. 你会根据自己的身体情况安排性生活吗？

A. 不会，越持续越好，越多越好　0分

B. 当然，即使别人盛传“一夜七次郎”，我有我的选择　1分

外修版：接天地之灵气

1. 你们的卧室是否一味追求奢华？

A. 是的，我们很随心所欲　0分

B. 不是，我们布置时讲究科学　1分

2. 你们用绿色植物改善你们的性生活吗？

A. 没有，我们不注重这些　0分

B. 是的，我们很喜欢绿色植物带来的感觉　1分

3. 你们有过天体浴吗？

A. 没有过，好像有点伤风败俗　0分

B. 有过，森林浴或者日光浴是一种对身体有益的养生方式　1分

4. 你们相信性爱风水学吗？

A. 不相信这玩意儿　0分

B. 相信环境的合理配置可以使性爱更健康　1分

5. 你们注重春膳吗？

A. 不太注重，不知道何所谓春膳　0分

B. 很注重，知道用春膳改善自己的性生活　1分

自测结果分析：以上测试，选B得1分，选A不得分，最后把得分结果

相加。

6-10分以上：绿色性爱先锋。性生活能顺应天地人和、自然规律，恭喜你。

3-6分：绿色意识觉醒分子。你可能知道一些性的养生知识，也可能知道一些食补或者改善心情的方法，但绿色知识还不够全面，要努力了。

0-2分：绿色性爱盲。你只知道贪欢，不知道如何使快乐延长或者持续。你的性生态环境很可能因此遭到破坏，所以最好是赶紧恶补绿色性爱知识，免得性爱资源很快消耗殆尽，患上爱无能症状。

3 性生态调节指南

平衡性生态应该成为贯穿你一生的功课，只有这样，你的性能量才能持续充盈。专家认为，性生态调节首先应该从以下一些方面努力。

观念上做个性爱乐活族

有这样一群人，他们吃健康的食品与有机野菜，穿天然材质棉麻衣物，利用二手家用品，骑自行车或步行，练瑜伽健身，听心灵音乐，注重个人成长，这群人通过消费和衣食住行的生活实践，希望自己心情愉悦、身体健康、光彩照人。接受这样生活方式的人自称为“乐活族”。

性爱要不要乐活精神？当然要。性爱乐活精神就是注重过程，回到性爱本身。比如：

★不把性爱复杂化，在纷繁复杂的性爱教程面前，保持自己的个性和特色；选择最合适自己的性爱方式，而不是一味追赶时尚。

★亲近自然，开发身体本身的潜能而不是一味借助外力；性爱乐活认为，为什么现代性工具越发展，我们的身体在性爱面前，反倒问题越多？因为我们真正的性爱能量的建设来自于我们自身。

★重视自己的心灵感受营造甚于一味地更换对象来换取性快乐。这是阿玛斯提出的理论，他认为之所以有许多人在不断地更换性对象以后依然感到不满足，是因为他们内心里丧失了满足的能力。所以，要想获取性快乐，首先要自己有一颗丰盈的心。

★慢，慢，慢。性爱过程的享受远远大于结果，不要为了达到某种理想期待或者某种标准，而宁愿让性爱成为一种表演。

适度禁欲

尝试过适度禁欲吗？《性，你真懂了吗》一书的作者认为，适度禁欲是为了更好地爆发。而中国古代养生学更认为行房要有度。所谓度，就是适度，不能恣其情欲，漫无节制。不少养生家都主张成年之后，应当随着年龄的增长逐渐减少性生活。所以，不妨有意识地在某一段时间分居，或者减少性生活的次数。

食补比催情剂更有效

现代人越来越看重器具或者药物。一些壮阳药便大行其道。这一点从万艾可刚上市时，成都等地万人排队争抢便可以看出来。但药物的服用常常破坏了体内的平衡，因为它的过于刺激常常导致性能量透支，所以，温和的春膳便更显功效。

最著名的春膳有茶壶蒸海鲜，蟹黄活虾，西芹海蜇卷，八宝鹌鹑等。

运动，而不是性更适合减压

为什么你需要性？很多人觉得，性是减压的最有效手段。所以，一项对于性生活次数频率的调查发现，越是大城市的人越是喜欢寻欢作乐。因为大都市的压力更繁重。通过性来减压固然无可厚非，但这很容易上瘾，成了依赖。专家认为，应多采用其他健康的方式减压，比如跑步、体操、球类等体育运动，唱歌、跳舞等文娱活动。运动同样能产生一种不亚于性爱快乐的多巴胺的分泌。

学会亲密按摩

台北“听你说”心理训练工作坊的创始人杨明磊认为，对于婚姻生活较长的夫妻来说，一定要把性爱的含义拓展化。性爱，绝不仅仅意味着真刀实枪的性交。他说，现代人都忙，许多人下班下课回来都已经累得要命，这时候，亲密比起做爱更重要。他提供了一种舒适温柔的身体对待方式，就是夫妻双方在专家的指导之下，通过一些特定的按摩动作，以这种简单的身体关怀活动，可以很快速地促进家庭的和谐气氛。他把这个课程名称叫做“亲密按摩”，乍听之下很多人以为是夫妻的性爱按摩，其实不是。

二．亲爱的，请出示你的性爱健康通行证

爱是否意味着完全无私地接纳？

大多数的回答是不容置疑的。爱一个人，当然要完全向对方敞开自己的身心，可是，这是浪漫主义的观点，在这样一个一切都在变得不稳定的，各种流行性疾病横行的时代，爱的重新定义也许是：爱一个人时，要首先学会保护自己。

所以当你决定和他发生关系时，也许先要问问他（她）：亲爱的，你是否应该出示一张健康通行证？

1 爱难道就可以放弃健康主张吗？

（自述者：王小萌，女，25 岁，公关公司经理）

我想经历了那件事情后，我永远不会再在这件事情上掉以轻心了。

我和他认识已经两年了，我们的性生活和谐而又美满。这很大一部分程度源于我们的志趣相投——我们都喜欢疯狂而又激情的性爱。记得刚同居那阵——天啊，现在说起这些，都让我脸红心跳——我们几乎每天都在渴望这件事情。好多次，我们刚下班到家，几乎是等不及放下公文包，便相拥着到了床上。

我们享受性，抓紧一切可能的机会去拥抱性，但是这样的热烈，过了一年后，我发现有些事情渐渐有些不对劲了。

有一次，他出差很久，没给我打电话，就出其不意地回到了家里。小别胜新婚，我们心里都溢满了做那种事情的冲动，虽然他浑身都是汗臭味——他后来告诉我，他有好几天忙得都没洗澡了一可我既抗拒不了内心的欲望，又觉得他的汗味使他散发出一种更有魄力的男人味，于是，连催促他去卫生间冲浴的时间也没有，我们就相拥在一起。

一个星期后，我突然发现下身很痒，我当时的本能反应是他在外面做了对不起我的事情，因为那几天，他变得神神秘秘的，不再碰我的身体了，当天我去医院检查，结果证实了我的猜测。

我简直不敢想象自己是怎样走回家的，这种身体和心灵的双重打击几乎

击垮了我。当天晚上他回到家后，我将医生的确诊报告放到他面前，他很快明白发生了什么事情。他痛哭流涕地恳求我的原谅，他说他只是一时的糊涂，他心里其实还深深地爱着我。

可我已经没有心情去思考我和他的关系了。那些天，尽快治好这难以启齿的病成了我压倒一切的任务。他的病很快治好了，但我的病居然越发地严重起来了。后来医生告诉我，这种性病对于男人来说，是非常容易治愈的，但这种病一旦传染给女性，因为女性特殊的生理情况，很容易发展成顽疾。

经历了近半年的慢性折磨，身体上的病终于治好了，可心灵上的伤呢？有时我想，如果不是因为爱，而是因为保护自己去选择健康的有保护的性生活，我是否便不会遭遇这样的结局？

怎样判断伴侣是否健康？

1. 在进行性活动之前与性伴谈谈性传播疾病，询问性伴是否接触过某种性传播疾病，怀孕期间这点尤为重要。

2. 仔细察看自己及性伴的身体，注意有没有什么难闻的气味，异常的分泌物、溃疡、肿块，或红斑等。

3. 假如你觉得伴侣感染了性病，不要去碰红肿破溃的地方，也不要进行性活动。

2 健康比浪漫更重要

一位朋友告诉我一个关于他的朋友的故事。

他的朋友帅气，英俊，是许多女孩心目中的白马王子，更何况那个女多男少的大学。他们眼看着他和学校里的校花在一起，亲密得令所有的男孩女孩都感到妒忌。

但是夏天到来的时候，有一天，最帅气的王子感到小便刺痛，阴茎红肿。他吓坏了，不知道这是为什么，更要命的是，女孩也出现了同样的症状，并且怀疑是他传染给她的。两个人互相猜疑，他们首先想到的不是去医院检查，因为那样说不定会暴露他们的性秘密，他们本能地认为那个敏感的地方出现的异状肯定是性病，而性病必然是一方传给另一方的。

对于年轻的爱情来说，爱情有多强烈，妒忌就有多强烈：除了我，怎么可能还和别人有那种关系呢？两个人开始指责、冷战，直至成陌路。

当然，最后的结果让所有人都目瞪口呆；他们传染的并非性病，只不过是他们没有地方，可是又克制不住身体里的欲望，于是常去学校后面的野山上亲热。那里野草丛生，还有一些小虫，他们在亲密时没有在意这些。那些所谓的红肿完全是野外蚊虫叮咬所致。

明白了这一点后，爱情却再也无力挽回了，男孩在女孩的楼下等了三天，但女孩执意不见，这段曾经羡煞许多人的恋情就这样结束了。

一次小小的蚊虫叮咬就毁坏了一段纯洁的爱情，这让我们不得不怀疑，到底是健康重要还是浪漫更重要？

各种书中的文艺作品都在教导着当然浪漫更重要。老的以琼瑶阿姨为代表，近来更是涌现出大批新锐作家，都在告诉我们，爱一个人，就要奋不顾身去投入。从心理学上来说，人为什么要寻找爱情？是因为我们从生下来的第一天起，我们就在寻找自己丢失的另一半，然后与他合二为一。

情人之间所体验的这种合二为一的感觉更加强烈，所以一旦找到自认为理想中的爱情，便恨不得生生死死和她融为一体。要为她奉献一切，便是这种心理常常的动因。

有一位女孩告诉我，她的男朋友有一天希望和她发生关系。她也爱他，当然是不好拒绝的。但在戴安全套的问题上，他们发生了分歧。女孩觉得应该戴安全套，这样能够保护自己。但男孩不愿意戴，觉得这样影响快感，他们争执了起来，最后男孩的一句话让女孩立刻心软了，男孩说：难道你还不相信我吗？难道你不足够爱我吗？

她当然是爱他的，于是她放弃了自己的健康主张。

结果是她怀孕了。那段惊心动魄的日子，男孩和她一起背负着巨大的压力。他偷偷地从家里拿出钱来替她做流产手术。她去手术台上时无限哀怨地看了他一眼，让他感到自己是个十恶不赦的罪人。她在手术台上痛得大哭小叫的神情，也让他觉得从此再也不敢轻易和她发生关系了。

她顺利地流产了，但爱情却蒙上了一层阴影。女孩惊奇地发现，男孩不再轻易碰她了，他甚至在躲避她。女孩更加失望而愤怒，她本能地觉得这是男孩喜新厌旧，准备甩掉她，不愿承担责任了。她不知道男孩确实害怕了，他不知道性这么麻烦，在很多男孩看来，头脑一发热开始亲热就可以了，哪曾想到还会让一个女孩怀孕。

常常是在类似这种挫折中，男孩女孩便发现，他们所受的浪漫教育是多么的脆弱。浪漫必须有物质的支撑（这种物质并非只是指金钱，包括健康的性）。否则，浪漫经不得一点风吹草动便烟消云散。

也是在这种挫折中，男孩女孩还会发现，所谓的爱情并不是解决一切问题的万能剂。爱情目眩神迷时，你急切地渴望奔向他（她），急切地希望和他（她）合二为一。你完全相信他（她），你忘记了自我，你把自己完全交给他，你觉得这就是爱的证明。可是，在这样一个提供了多元化选择的时代，请记住奥斯卡的一句名言：我什么都不相信，我唯一相信的是，人性是经不起诱惑的。

所以，在爱情中先保护好自己，在保护好自己的情况下再把自己交出去，这才是健康的性爱态度。否则，你会发现，你日夜幻想的爱情如空气中的肥皂泡一样虽然好看，但极其脆弱。

3 我们的身体，我们自己

20 世纪六七十年代，美国妇女们集体写作了一本《我们的身体，我们自己》一书，在这本书中，女性主义者们认为，年轻女孩要比男孩更加关注自己的身体健康。因为女孩天生的生理脆弱性等，决定了女性在两性交往中更容易感染各种疾病。

首先女性比男性更容易感染各种疾病。在医生们看来，同样的细菌威胁下，女性得病的危险远远大于男人，也就是说，同样地过一次没有保护的性生活，女性比男性更容易受到性病的侵袭。

其次是女性一旦患病，后果往往比男性更加严重。比如女性患淋病后比男性更容易顽固不愈并且扩散到更大范围，对淋病不加以治疗可以导致严重而又痛苦的盆腔炎，这种感染可导致不育。

虽然女性感染疾病的风险大于男性，但事实上，女性的这种自我保护意识却不一定强于男性。比如，专家们的调查发现，许多男性不喜欢在性生活中戴安全套，有很多女性明明知道这样会增加感染或者怀孕的风险，但男人的一句话：难道你不相信我吗？或者你不爱我吗，就让女性轻易屈服了。

这是为什么呢？

有专家在调查后得出结论，女性在爱情中的不自信以及她们为爱情献身的心理，是这种轻易屈服的最重要原因所在。

这也许涉及更深刻而广阔的两性平等问题。当一个女孩，觉得她的生活只能依赖一个男人时，那么这个男人的感受就会成为她的中心思想。他如果想要，自己便应该千方百计地满足他，否则，他如果因此离开她，这岂不是更深刻的痛苦？对于这一点，美国波士顿大学的婚姻研究专家琳达说：永远不要期待着在爱情中取悦男人可以赢来真正的幸福。幸福的爱情首先还是建立在两个独立的个体身上。一旦你有了必须怎样取悦他，怎样留住他的心的念头，也就预示着你们的感情正在产生问题了。

还有的女性在妥协男人不洁的性要求时，会以一种为爱情献身的崇高心理：我爱他，所以我愿意为他做任何事情，即使为他去死亡。

如果你因为这种心理而不拒绝他那些可能给你带来身心疾病的性要求，专家们说，一旦真正的疾病降临时，十有八九，女人会追悔莫及。

有人说，爱情的产生是因为在远古时代，男人们出外打猎，妇女们于是发明了爱情，用以“套牢”男人，让他带回食物和自己一道分享，以免饿死。科学家们的研究也发现，当我们陷入爱情的目眩神迷中时，其实我们也在分泌一种叫腓尔太的物质，在这种物质的影响下，我们于是喊出“为对方可以赴汤蹈火”，于是，没有自我，完全地将自己托付给对方。

因此，一旦自我真正被伤害，我们才会清醒过来：一种清醒的自我保护和独立意识，恰恰是赢得幸福情侣关系的第一步。

还是听一听一位染上性病，最后被剥夺做母亲权利的女孩走下手术台时说的话吧：我现在才明白，爱情不是生命中唯一重要的问题。那段日子，当我因为感染性病失去了做母亲的权利时，我追悔莫及。我后悔没有听医生的话，后悔没有注重自我保健。可是，一切都太晚了。

4 护卫性健康的七条金科玉律

《我们的身体，我们自己》的专家们为年轻女孩提出了怎样爱护自己的性健康的七条准则：

1. 性传播疾病是很常见的疾病，如果你性活动很频繁，而且不是只与一个性伴侣交往，你感染性传播疾病的可能性就很大。

2. 对性传播疾病首先要强调预防，在任何可能的情况下，都要使用保护措施，目前可用和最好的保护是男性和女性避孕套，然而阴道隔膜，子宫帽，避孕海绵和化学杀精剂也能起到一定作用。

3. 如果你认为自己有可能患了某种性传播疾病，即使可能性不大，也要尽快找医生就诊，同时你也要尽力搞清楚，与你有过性关系的人（他或她）是否想到自己已经接触过性传播疾病。

4. 在化验之前或是医生已经证实你治好之前，不要进行性活动。

5. 如果你得了性传播疾病，要告诉你最近以来的所有性伴侣，你可以亲自告诉他们，也可给他们写一封不署名的信。

6. 在接受治疗之前，一定要弄清楚自己接受的是什么治疗，治疗多长时间，有哪些副作用，以及是否需要化验复查和继续治疗。提问题不要难为情，这是你的生命，不是他们的。

7. 请记住：即使你治好了，还可能重新再患同样的病，而且患了一种性传播疾病并不保护你免得其他的性传播疾病。

三．别跟我来这套

这个夏天，空气中好像到处都弥漫着爱欲的味道。当你们在纵情欢娱时，可否想好了安全的性？对很多夫妻来说，戴安全套会是一件大煞风景的事情，在欲火攻心时，谁还会想着那劳什子？

可是，戴安全套不仅是为了你的健康，还是增加你们的性趣的手段，学会正确使用各种安全套，无疑会为你们春意盎然的夜晚大添光彩。

1 你知道自己适合什么样的安全套吗?

案例一(哲,女,30岁,广告公司文案):

我和丈夫曾经在性上面珠联璧合,有很多人认为是先有爱才有性,可在我看来,我们肯定是先有性才有爱。记得结婚那阵,丈夫简直连工作也不想要了,每天恨不得和我腻在床上,有时我正上班,他发暧昧的短信说你请假回家吧,我只好到领导那里装病回家,好像偷情一样地赶紧回家,以防他等不及了。

也许我们对性关注得太多,前段时间,我感觉到丈夫对我的性趣好像越来越淡了。用他的话说是我的阴道有些松了,他很难再找到快感。我不知道这是怎么回事。其实,我自己也是这样,感觉他的刺激没有以前明显了。我想是不是和年龄偏大,做的次数太多有关系?我曾经想去医院做收紧阴道手术,后来觉得太麻烦,我想问有没有可以增加刺激的安全套?

专家推荐:女性年龄偏大常有阴道松弛现象,这不但让男性对其阴道的摩擦不太明显,对于男性来说,体验到的紧张感也不明显,此种情况下,建议使用颗粒型或者螺纹型安全套,这种加工处理的安全套因为外表有些附载物,可或多或少增加对阴道壁的刺激,提高性生活质量。这种安全套常常被称为异型安全套,适合于阴道松弛女性使用。

案例二(枫叶红,女,28岁,教师):

我丈夫不喜欢白色的安全套,他反感白色的单调。也许每个人都有对颜色的偏好吧。记得我们第一次使用白色安全套时,他显得很反感。他说他小时候受过什么刺激,总之,对白色有天然的反感。我哭笑不得,可是又得尊重他的习惯。我想问的是,除了白色的安全套,我还能买到其他颜色的安全套吗?

专家推荐:目前我国市场上也有彩色安全套销售,不过要到一些比较大型的性用品保健商店购买。你可以根据自己和丈夫共同的喜好挑选不同颜色的。彩色安全套可以改善你丈夫对安全套的反感心理,在某种程度上,还能增加吸引力。有一位来门诊的女性曾经反映,她对黑色最敏感,每次只要丈夫使用黑色安全套,她就特别容易兴奋。

当然，你也可以根据你们当时的心境使用不同的安全套。红色的热烈，绿色的宁静，橙色的温暖，总之，在不同的心境下使用不同颜色的安全套，可以让你们的心情变得更加美好。

案例三（深蓝，女，29岁，房地产公司销售经理）：

我喜欢用香型的安全套，因为我最喜欢一种叫玫瑰花露的香味。最难忘的是我过生日那天，我的他显然知道我的心情和喜爱。那天晚上我们享用完浪漫的烛光晚餐后，回到家里，在轻柔的音乐里，当我们拥抱在一起，我开始意乱神迷时，他突然神秘兮兮地拿出一个安全套，立刻那种玫瑰香味好像浸润了整个房间。在那种味道里，我好像置身于童话中的玻璃宫，我就是那个玫瑰公主。那天，我柔情似水地享受着他的抚爱，我感觉自己如此愿意为他奉献我的一切。

专家推荐：我国自90年代初就推出了添加了各种香料的安全套，每对爱侣可以根据自己的喜好挑选合适自己的香味安全套，比如玫瑰香型，桂花香型等。香味不但有催发情欲的作用，有时还能改善心情。

案例四（安妮，女，28岁，外企经理）：

都说女人娇气，在丈夫看来，没有什么女人比我更娇气了。不过，这种娇气实在让他很烦恼。记得我们第一次性生活时，因为没有戴安全套，我的阴道感染了疾病，结果去了医院好几天，丈夫也有些内疚，觉得是他伤害了我。这以后再过性生活时，他就变得特别小心了，他害怕再伤害我，可是即使如此，每次好像只要过性生活，我就特别容易感染细菌，我不知怎么回事？

专家推荐：建议你们使用一种药物型安全套，有的人属于天生过敏体质，或者因为抵抗力不强，容易感染细菌。药物型安全套上添加了壬苯醇醚杀精剂、消炎药等，可以有效地降低感染细菌的风险。

2 怎样让你们愉快地戴上安全套？

在戴安全套的问题上，女人因为是接受方，容易遭受疾病和意外怀孕的危险，所以更懂得为健康而保护自己，但男人们会说：女人们在这个问题上，耽搁了大量时间。他们认为男人的性生理情况天生和女人不同，男人总是急切地等待直奔主题，在这个过程中，他们需要全神贯注，否则，任何大煞风景的举动和言语，都会让他们功亏一篑。

我们的性教育匮乏是产生这些矛盾的根本原因，在安全和愉悦的性之间，真的没有建设性的方法吗？或者说，安全的和愉悦的性，一定是矛盾的吗？

许多性教育专家都认为，夫妻之间应该把戴安全套变成一项有创造性的有情趣的行为，而不是枯燥的举动。

看看以下问题：

你们是否掌握正确地戴安全套的方法？

你们是否创造了一种独特的属于你们夫妻共有的戴安全套的方式？两人互动还是丈夫独自表演？

你们选择什么样的安全套？水果味的，还是你们都喜欢的味道？

你们会不会觉得戴安全套应该是夫妻性生活完整过程中的一部分？在你们看来，它是自然而然的，而不是突然想起来的一件事情？

……

如果这些问题的回答都是肯定的，那么戴安全套这件保护夫妻双方的举动，就不会成为让人感觉不爽的事情，恰恰相反，在一种愉悦的过程中，你们既保护了自己，也保护了你心爱的人。

小建议一：正确使用安全套的9种法则

1. 每次性行为前，必须用一个新的胶质安全套；
2. 必须在性交开始前戴上；
3. 小心撕开独立密封的包装袋，避免用剪刀一类的利器；
4. 用手指捏住安全套前端，把空气挤出，再套在勃起的阴茎上；
5. 保留安全套前端的空间；
6. 保证安全套套住整个阴茎；
7. 如果需要，应选用水质润滑剂，油质润滑剂会导致安全套破裂；
8. 射精后，趁阴茎仍然勃起，应紧握着安全套边缘把阴茎抽出；
9. 切勿把安全套长期放在钱包内或接近热源的地方。

小建议二：假如你们的安全套突然滑落

自述者：刘峰，26岁，广告公司副总经理

我和老婆刚结婚，我们暂时都不想要孩子，所以每次过性生活时，都会采取安全措施。有一次，也许是安全套的尺寸太小，或者是我没有及时“撤退”出来，总之，安全套突然滑落到妻子的阴道里。当时我和妻子都吓坏了，她一动不敢动，生怕精液溢流到她的身体里；我也束手无策，生拉硬拽吧，担心万一操作不慎，留下点什么，导致妻子怀孕。该怎样安全地取出安全套呢？我一点办法也没有。

120 急救方案：

1. 可让妻子采取倾斜姿势，这样有利于精液流出体内。丈夫取出安全套时，动作要轻柔、细致。

2. 若感觉精液不小心留在体内，可采取迅速服用紧急避孕药的方式，避免怀孕。一般来说，在性生活之前备份一些紧急避孕药，有利于事到临头时不慌不乱。实在需要专业人员帮助时，不妨到医院请教专业的妇科医生采取急救措施。

四．你是低碳性爱主义者吗？

你的性爱是否重质不重量？

你是否注重节能性爱？

你是否在性生活上注意环保？

……

如果你的回答基本是，那么恭喜你，你是如今时髦的低碳性爱主义者了。李银河、潘绥铭等性学家认为中国正在进行一场暗流里的性革命，而低碳性爱主义者，更看到人类性爱的困境，转而节制性能量。

有一种说法是：一个人一生的性能量总量是有限的，所以如果不加以节制，无限制地消耗和滥用，那么很可能有一天你将挥发殆尽。所以，从今天开始，赶紧做一个性爱低碳主义者吧。

1 名词解释：何谓性爱低碳主义者？

性爱低碳主义者，顾名思义就是指那种在性生活中遵循能量守恒定律，坚持性爱细水长流，不消耗不放纵，持有性爱快乐与身体健康和谐观念的人士。同时，他们认为，做一个性爱低碳主义者，不但要对自己负责，同时要把床事上升为公德大事，对社会公德和环保负责。

性爱低碳主义者追求一个性伴侣，坚持规律性爱，同时经常反省自己的性爱是否对他人造成影响等。

2 测试：你是性爱低碳主义者吗？

你是性爱低碳主义者吗？不妨看看下面这些特征你具备多少项：

不纵欲，保持身体的平衡；

服用有机食品，通过运动和饮食，而不是依赖药物来增强性能力；

不迷信一夜应该多少次，合适自己的就是最好的；

每一次都让我难以忘怀，虽然次数有点少；

坚持性爱的发生必须有感情的参与；

看起来很保守，比如把性爱留到婚姻；

只爱一个人，从和一个人的关系中体验性快乐，而不是靠频繁更换性伴侣的新鲜感来体验性快乐；

完善内心的丰盈，而不是一味抱怨别人没有给自己带来快乐；

练性爱瑜伽等，重视身体的性爱潜能开发；

坚持健康性爱，不轻易尝试有损于身体健康的性爱方式；

不未婚先孕，对每一个不期而至的生命负责；

在野外性爱注重环保，不随地扔废弃性用品。

对照着上面这些特征，选“是”每个得一分

8-12 分以上：你是性爱低碳分子，你很注重保持一种有低碳特色的性爱生活方式，性生活顺应天地人和，自然节律，恭喜你。

4-7 分：性爱低碳意识觉醒分子。你已经有一些性爱低碳意识了。可能知道一些性的养生知识，也可能知道一些食补或者环保改善性心情法，但离具备性爱低碳专业知识还有距离。所以还需要加强努力。

0-3分：性爱低碳盲。很不幸，你没有性爱低碳意识，你只知道贪欢，不知道如何把快乐延长或者持续。你的性爱生态环境很可能因此遭到破坏，所以最好的办法是赶紧恶补性爱低碳知识，免得性爱资源很快消耗殆尽，最后患了审美疲劳或者爱无能症状。

3 我们时代的性困境

美国著名性心理医生罗洛 · 梅在自己的诊所里经常接治这样的病人：他们是纽约城中的性爱健将，拥有丰富的性经验和性技巧，但是他们突然患上一种病，发现自己对性越来越冷漠无趣了。

他们抱怨自己越来越难以在一场性爱中找到乐趣，非要更大的刺激才能获得快感。比如服用药物，或者不停地更换伴侣，或者尝试一些奇特的性爱方式等。罗洛·梅说：没有错，他们是自豪的种马，号称性爱健将，但是没有用，他们的心灵开始背叛他们的身体。

另一位女性主义者简 · 方达也描述过类似的困境。她和丈夫的性生活趋于平淡后，丈夫汤姆想尝试三人行。简·方达被迫答应了。她觉得自己是女性主义者，可以追求更离经叛道更刺激一些，"女性，怎么能落在男人后面？"

但是，在一次三人行后，她感觉到非常糟糕、失落。她反省道："我听见我内心的声音在说不。男人们正在尝试各种激进的性方式，女人们觉得自己不能落后，也必须参与其中，但是女人们真的需要吗？"

美国有机构发布一个调查说，随着性革命的前行，女人们首先尝试到性革命的苦果。许多美国女性非婚生子，少女妈妈大量增生。而在混乱的性爱中，女人们自身的生理机构，又比男人们更容易感染性病的威胁。《纽约时报》的专栏作家莫德这样写道：在一场甜言蜜语的性爱结束后，男人们拍拍屁股走了，留下女人们无尽的伤痛。那些少女妈妈，因为没有做好避孕的准备，结果因为一场没有准备的性爱生下孩子后，从此陷入贫穷、焦虑中。她们的命运就此被改变。

发源于20世纪七八十年代的性革命运动四十周年后，许多女性主义者反省道：其实，这场性革命，后来被一场男性文化误导了。女人们追求的性革命，本来是自己高潮，堕胎，自由享受身体快感等权利，但是她们很快被误导进入了男性热衷的性革命中。那就是多性伴，纵欲，不负责任的性爱等。

它带来了女性的性焦虑：

女性真正想要的健康性爱没有被强调，反倒被迫跟从男性进入纵欲的洪流中。今天的女性，假如婚前还是处女，假如一个男人想和她上床而她无动于衷，她就会焦虑，自己是不是落伍了？

女性主义者还反思到女性和男性身体构造的不同，在环保的生活方式上（包括性爱），一向走着不同的道路。比如，男人喜欢开疆掠土，喜欢征服大自然，喜欢风流，遍撒精子等，所以，大自然的破坏，失衡，性纵欲后带来的一系列恶果，在某种程度上，正是主要由男性造成的。

但女性不同。当男人们开垦森林时，女人们喜欢守护家园—因为女性一向被比喻为大地母亲；当男人们喜欢打仗时，女人们更知道珍惜每一个生命—因为她们知道孕育的艰难；当男人们因为精子成千上万所以喜欢风流成性时，女人们更知道低碳节能性爱的重要—因为她们能够受孕的卵子数量有限，女人们每一次生育的过程都痛不欲生。

所以，比起男性，女性们更有必要保持低碳的性爱生活方式，因为那些不低碳的男性式的性革命，已经让女性品尝到了许多以下的苦果：

非婚生子，男人们走了，女人们要独力抚养孩子；

性病增多，女人们可能在纵欲和不健康的性爱中，患上妇科病等。

女人们把性与爱分开，感觉到分裂的苦楚。

女人真的像男人一样，需要那么多的性伴侣吗？

性激情的缺乏，婚后的性生活越来越平淡，直接招致了离婚率的增高。

……

4 低碳性爱的 8 个关键生活方式

今天，我们需要一场低碳性爱，这或许也是 21 世纪最流行的性爱方式，如果你还老土地一味追求性解放，那么你真是落伍了。通过以下 8 个方式，来成为一个低碳性爱主义者吧。

慢性爱

慢性爱重视过程而不是结果。慢性爱追求的是全情投入、轻松的前戏和浪漫的后戏。就像工业化以前旧生活的影子，缓慢而深刻。

米米把慢性爱理解为尊重和赞美的表达。“我是一个好奇并且容易进入状态的人，所以随时、随地和任何方式对我来说并不难以做到；甚至有的时候，我比男人需要得更急切。但我同时也喜欢慢性爱。不经意的手肘碰撞，在头发末梢的呼吸，或者不期而遇的欣赏目光，这些甚至比直接刺激敏感部位更让我情动。因为赞美的暗示可以让我对身体有一种自恋的感觉”。

性爱灵修

性爱灵修的要义认为：性爱快感，不是从不停更换性伴侣数量，或者是从性伴侣的苛求中获得，而是从自己的身心灵修中获得。

它类似我们不停从外界的索取中渴望获得幸福一样，最终会发现开豪车住豪宅的幸福感，可能比不上讲究低碳生活方式的不丹人幸福感更强烈一样。因为不丹人注重心灵的幸福。

艾艾就喜欢去性爱灵修。她经常练瑜伽，冥想，或者去山中远行。“知道吗，只有在灵修中，我觉得我的身体才会变得格外敏感，情绪格外充沛。在和他的性爱中，我常常怀有一种深深的感动。”艾艾甚至举了一个例子来说明性爱灵修的重要性：为什么，我们年轻的时候，对一个人的性爱刻骨铭心，后来却很难获得这种感动的能力？不是性伴侣不够好的问题，是我们的心灵缺乏投入和感受性激情的能力了。

性养生

性养生强调性爱要回到古老的中国性传统上。当国学热强调天人合一时，性爱国学却常常被我们忽略。其实古老的中国性学，都对性爱持一种自然的态度，既不过分，也不压抑，重在平衡和节制，同时注重养生观念。

AIM 就特别喜欢中国国学里的性养生术。“其实，不仅是男人要性养生，女人更需要。比如不能在伤风寒露的野外做爱，要规律性爱，不能违背自然的身体规律等。我现在和老公就特别注重这一点。”

不和陌生人性爱

国外曾经发起一场“不和陌生人做爱”运动。发起者认为，没有错，性爱固然刺激，但在公众场合，随便和陌生人做爱，不但有容易感染疾病的危险，而且很容易招致暴力等。

当社会上的一夜情司空见惯时，低碳性爱主义者认为，我们对于传统生活方式的尊重依然要被提及。“先建立信任感，然后等到合适的时候再上床。”浙江大学的守贞运动发起者认为。

健康第一

性，到底快乐第一，还是健康第一？

性爱低碳生活方式当然强调健康第一。因为它看到了许多人因为追求性快感，仿佛一个上瘾症患者一样，从此走上不归路。有的人需要服用药物才能兴奋，有的人要尝试更高难度的性爱技巧，有的人则在对美色的追逐中死于艾滋病，比如法国天才导演詹姆斯以及哲学家福柯。

“没有什么比生命更重要的”，低碳性爱主义者说。这也是低碳生活方式的要领：人不应该成为某种目标的奴隶，人就是自己所有行为的主人。

西西说：“那些靠损害身体的方式获得性快感的方式，我从来不尝试，比如吸食毒品。我也很注重保护自己，如果对方说‘亲爱的，为了我们的爱，我们无套性爱好吗？’我会告诉他：请你走开，我更爱我自己。”

学会性爱调频

性能量，是取之不竭，用之不尽的能量吗？

性爱低碳主义者认为，恰好相反，激情是需要细水长流的，一旦耗尽，你将陷入漫长的虚无中。就像著名情色经典影片《感官世界》中那样，两个人沉入疯狂的纵欲的激情中，结果激情过后，却是无边的虚无感。

性爱调频包括：某一段时间有意识地禁欲，这样夫妻之间再见面时，可以有更多的期待感；偶尔分开居住或者旅行，保持激情的新鲜感；即使假期，也有意识地防止性过劳等。

重质不重量

一次深刻的性欢娱，能够抵得上一千次毫无意义的性爱。

低碳性爱主义者认为，与其毫无意义地追求性爱次数的多少，不如有一些质量很高的性爱。因为能够让我们回想的总是那些质量高的性爱，而不是蜻蜓点水式的性爱。重复无聊的性爱，是对性爱资源的浪费。

男人们可能喜欢追求性伴侣越多越好，那是他们热衷的性爱数字游戏。

但是女人们更喜欢像《一封女人的来信》中那样，一次性爱，可以让人回味一辈子。

注重公德环保

越来越多的人喜欢上了野外性爱方式，西班牙马德里海滩管理局最近就在海滩上树立了一块大牌子：此地禁止做爱。理由是不但有伤风化，许多人随地乱扔性爱用品，还污染了环境。

随着汽车性爱普及，以及性权利意识的普及，许多人越来越喜欢挑战公德。地铁性爱、车震门、商场试衣间性爱、艳照门等，性爱表现正在五花八门。但在低碳生活方式者看来，低碳生活的首要就是人与环境，与他人的和谐。没有错，你可以拥有到处做爱的权利，但是请注意不要侵犯别人的空间。

五．女人要不要随身携带安全套?

在这样一个时代里，人们的性日渐变得复杂而迷茫。诱惑的增多，两性关系的脆弱等，都使得性安全成了一个引人注目的话题。

在西方许多国家里，一个女孩的成人仪式是：有一天，父母会将一个安全套放在她的书包里，这表示她可以自主发生性行为了，但也意味着她得学会自我保护了。所以《欲望都市》里的萨曼莎的随身小包里，除了化妆盒、小面镜、粉底霜以外，还有安全套。

那是在国外，如果在中国，有一天别人从一个女性的随身小包里，发现她们随身携带着安全套，会怎么看?

1 一只安全套的意外事件

这是我的一位朋友 LINDA 的经历。

有一天早上，LINDA 去上班。同事们围在一起吃早餐，她从随身携带的小包里拿面巾纸时，不小心从包里带出了一只安全套。用她的话说是，当时所有人的面部表情都僵硬了。她明显地看到女同事们窃窃私笑，男同事们神情诡异，有一瞬间，空气好像停止了流动，安静得像地下掉落棵针都能听得见。

LINDA 事后告诉我，幸亏她无比优雅而镇定。但尽管如此，她说自己那天依然像一个表演节目的小丑一般，狼狈不堪但装作若无其事地弯腰下去，捡起那只惹是生非的安全套。然后站起身来，对同事们尴尬地笑笑，同时心里狠狠地骂了句：该死的安全套。

那个早晨过后，LINDA 很快发现，办公室的人看自己的眼光都有些异样。

先是有一股风言风语传来，说 LINDN 两性关系混乱。这也难怪，除了安全套以外，LINDA 以前就是一个快言快语，敢作敢为的新时代女性，并且未婚，喜欢泡酒吧。她的私生活一向是办公室的话题中心，现在安全套事件，无疑让更多人想入非非。

最好笑的是，有一次，LINDA 下班时，老婆在异地的公司里的业务经理大李和她凑巧挤同一部电梯。电梯门刚关上，LINDA 就感觉大李的眼神怪怪的，目光像小李飞刀一般朝她的胸部嗖嗖飞来。当电梯从 27 层高的办公室下降到 20 层时，大李就看似无意地走过来，手搭在她的肩上，暧昧地说：去我家吧。

LINDA 轻轻地替他拿开，意味深长地笑着说：我不来。

大李显得有些尴尬，也有些恼羞成怒，他说：你不是来者不拒吗？他们都说你随身携带着那东西，你怕什么？

LINDA 哭笑不得，她找到我，很迷惑不解，现代男人怎么了？难道发现在她包里随身携带着安全套，就认为她是一个放荡的埃及艳后吗？或者人尽可夫吗？没错，即使她喜欢男人，如果碰到合适的男人说不定也会和他共赴巫山云雨，但这也不意味着，她可以随随便便地和任何一个男人上床啊。

难道，她的包里随身携带着安全套，就给别人以性关系随便，道德品质败坏的感觉吗？

2 要不要随身携带安全套，男女如是说

如果一个女人随身携带着安全套，男人女人会怎么看？或者，女人要不要随身携带着安全套，我们随机访谈了六位男女，听她们是如何说的吧：

女性如是说：

（李晓娟，女，27岁，行政助理）

当然要随身携带啊。现在性病艾滋病流行，随身携带安全套，是女性的一种自我保护。不管你平时是不是一个洁身自好的人，你无法保证，在某一个时刻，你不会意乱情迷，不会邂逅一个让你怦然心动的男人。如果没有提前准备好安全套，万一情之所至，恐怕会造成意外事故发生。毕竟，比起男人，一场没有保护好的性爱，对女人造成的伤害可能更大。比如怀孕的风险，比如医学上证明，女性比男性更容易感染各种性病。而一旦感染后，女性的治愈比男人更难。

（艾达，女性主义者，25岁，大学老师）

我觉得女人一定要随身携带安全套。从我们所做的课题调查来看，男人的安全意识有时比女人差。这是由男人的生理条件决定的。许多男人会觉得，带安全套，一是影响性行为的快感；二是万一没有安全套的性行为，对男人几乎没有任何影响。男人不会为此生孩子，男人感染性病的风险也要小于女人。所以即使安全套准备好了，男人也不见得喜欢带，何况女人没有准备好安全套时？

如果男人不准备，我觉得女人更要准备好。否则，欢娱过后，就是无尽的痛苦。

（小雪，女，24岁，模特）

女人还是不要随身携带安全套的好，如果一个女人出门就带着安全套，那让别人怎么看啊。会不会觉得，这个女人道德有些问题，这个女人不正经，这个女人随时准备勾引男人。我觉得在中国目前的国情下，这样不合适。

男性如是说：

（柳斌，男，28岁，杂志社编辑）

如果一个女人随身携带安全套，在我看来，这是一个理智的极品女人，她懂得自我保护，也知道这是对他人的保护。有些男人可能不喜欢在性生活中使用安全套，但我想更多男人是希望带上的。毕竟，一着不慎，给女人造成了麻烦和痛苦，男人也要为此背负压力吧。

（安，男，30岁，IT公司行政经理）

我绝对不会娶随身携带安全套的女人为妻。不管她是否出于自我保护，我觉得至少有一点可以肯定，她一定是有众多性关系的女人。我希望的妻子尽可能在性上面不要太复杂，她像一张白纸，只让我来描写。你可能会觉得我太大男子主义，我自私自利，但没有办法，哪个男人心目中没有一些处女情结？我就希望我的女友或者妻子，在性上面尽可能冰清玉洁一些。

（李晓光，男，27岁，演艺公司经纪人）

我赞同一个女人要随身携带安全套。现在都什么时代了，怎么那么多人还谈性色变？现实情况是，婚姻越来越脆弱，人们的结婚年龄不断推迟，结婚率不断下降。假如一个女人30岁才结婚，你总不能让她30岁以后才过性生活吧，这既不现实也不可能。而单身时的性生活，便可能意味着复杂而多元。携带安全套是一种自我保护。

③随身携带安全套的女性宣言

今天，假如一个女人随身携带安全套，人们会怎么看？

这本来是一件正常的事情。随身携带安全套在西方的许多现代女性看来，既是对自我的保护，也是对别人的一种保护。我们在许多电影里看到：西方父母将一只安全套放在女孩的小包里，意味着这是她的成人礼了，从此以后，她可以自主选择自己的性生活，但也意味着，她得对自己的健康和行为负责。

但是，在中国，假如一个女性随身携带安全套，人们会怎么看？

十有八九，人们会认为，这个女人的生活作风有问题。比如她性关系随便而混乱，她的私生活不够检点。中国著名的性学家李银河认为，这首先和人们动不动喜欢把性和道德联系在一起有关。性冷淡或者性次数越少的人，越在道德上占有优势；反之，那些性欲望强烈或者性频率发生比较高的人，则在道德上处于劣势。而一个随身携带安全套的女人，用某位漫画家的形容来说：一定是位像《欲望都市》中的萨曼莎那样，性欲澎湃，随时等待性交的疯狂女人。

所以，我们首先要问的是：一个女人，如果性频率发生比较高，就一定是不道德的吗？就一定是放荡的吗？

答案显然不是。性学家福轲认为，很多时候，人们制定性道德是按照一部分的标准去制定的。他进而说：为什么有些女人总是对性有羞耻感？为什么有些性保守女人对性上面开放的女人总是抱着刻骨的仇恨？可能的原因有：一，她是天性性欲能力弱的，这属于生理，但她一定要上升到道德优越感。二是她很容易被女人无性才纯洁的观念内在化，进而在内心里升腾出一种纯洁感，所以对那些多性的女人要坚决打击。

所以，一个女人随身携带安全套，即使她是一个多性的女人，难道她因此注定在道德上处于被审判的境地吗？

其次是，我们觉得多性并不等于滥情。

在很多人看来，一个女人随身携带安全套，一定是人尽可夫，恰恰相反，很多这样做的女人会告诉你，欢娱对象的选择一定是有条件和标准的。她可能会和多位男人产生闪电感觉，但她一定不是可以和所有男人都发生性关系。

最后是，女人携带安全套，比男人更有必要。

曾经听过这样一个故事，一个女人因为觉得爱她的情人，可以为他奉献一切。情人不喜欢带安全套，女人当然毫不犹豫地答应了。但结果是，当她为放荡的情人奉献了一切，对方潇洒地挥一挥手，不带走一片云彩时，留下的是她为对方流产 N 次疲惫不堪的身心，以及至今难以治愈的性病。

所以，奥斯卡一部经典获奖影片中的主人公感叹说：不是我不相信，我确实什么都不相信。我唯一相信的是，人性是经不起诱惑的，是多变的。

所以，在这样一个脆弱的时代，我们的宣言是：一个单身女人不但有必要随身携带安全套，而且应该理直气壮。因为我们比男人更有必要爱护自己，也因为这并不是一件不道德的事情。

第7计

平衡你们的性差异

当全世界人都在晚上十点准时开始做爱时，为什么你们不来一个倒转乾坤，来一个早间操呢？

清新的空气，焕然一新的身体，松弛的身心，还有林间传来的鸟鸣声等，这些都是一场助性的好作料。所以还等什么，还不赶紧行动？

一．一、二、三，我们来做早间操

当全世界人都在晚上十点准时开始做爱时，为什么你们不来一个倒转乾坤，来一个早间操呢？

清新的空气，焕然一新的身体，松弛的身心，还有林间传来的鸟鸣声等，这些都是一场助性的好作料。所以还等什么，还不赶紧行动？

1 男友爱上了早间操怎么办？

这是琳达的信，她最近很苦恼，因为她的男友爱上了早间操，可是她觉得可能会给她的生活造成一些新的麻烦，听听她是怎么说的吧。

我最近遇上了一件麻烦事。

我前年认识了男友陈，我很爱他，我们现在同居在一起，并且有结婚的打算。以前我们基本上一周有三次性爱，并且固定在夜晚，但是事情最近有了些变化。

从三个月前起，不知怎么回事，我发现男友特别喜欢早间做爱了。他是运动员出身，体力比较好，一场早间操下来，他依然精力充沛，可是我累得不行，只好强打精神去办公室。结果一天昏昏欲睡，搞得办公效率低下。

我承认，早间操有它的好处，但相比起来，我更喜欢晚间性爱，毕竟后者可以更精心地准备一番，可以有更放松的心情。可是，我不想在早间操这件事情上，和男友发生冲突，更不想因此我们的性爱时间南辕北辙，我怎样才能爱上早间操？或者说怎么才能做一场高质量的早间操呢？

他（她）为什么会喜欢早间操？

按说，是人就会喜欢早间操，可是主流的做爱方式是关灯做爱，黑夜中偷偷行动。早晨是一个人精神抖擞去开始一天上班的时候。如果早上还想着这种事情，在古代读四书五经的时代，简直要被斥为纨绔子弟才做的事情。迎着冉冉升起的朝阳，扛着锄头走向田野，工厂或者办公室，是我们主流推崇的形象。

但喜欢早间操的大有人在，从心理上分析，喜欢早间操的人可能属于：

1. 金牛座的人更喜欢早间操。因为金牛座的人极端缺乏安全感，早晨常常是他们最需要抚慰的时候。

2. 喜欢早间操的人，通常有创新精神。他们不喜欢循规蹈矩的生活，渴望独树一帜，性创新也是此种精神的体现之一。

3. 他们可能有洁癖。刘德华接受记者访谈时说，他有一个不太喜欢更改的生活习惯是一天要洗好几次澡，并且特别喜欢在早晨洗澡。早晨性爱的人通常有心灵的洁癖。

4. 他偏好运动型。早间性爱的确需要良好的体力才能不至于耽搁一天的工作，所以很难想象弱不禁风的知识男性会热衷于此。所以，他一定是精力旺盛的男生。

2 你会喜欢早间操吗？四位男女如是说：

中间派

（柯玛，女，24 岁，文史专业学生）

我觉得不管是早间操还是晚间操，重要的是发生性爱的心情。不需要刻意以时间来划分，否则，如此程序化的性爱有何乐趣？反之，我的一位朋友讲得好，如果现在有感觉了，哪怕是开董事会，他也要借故请假回家，和老婆大战一番。我觉得这才是真正的性情中人。

坚定支持派

（小巧，女，26 岁，德企行政助理）

我喜欢早间操，特别是周末，两个人可以一边无拘无束地欢爱，完事后还可以把早餐端到床上一起吃，那种浪漫温馨的感觉实在好极了。一日之计在于晨，一生之性也在于晨啊。

坚决打击派

（树树，男，30 岁，记者）

这也太伤身体了吧。早上按说要准备充沛的体力迎接新的一天，要在床上折腾一番后，岂不大伤元气？什么叫玩物丧志？这大概就是玩物丧志吧，人们都说早晨要“闻鸡起舞”，现在倒好了，闻鸡做爱，我觉得这是一种颓废派的表现。

（蛋他妈，女，28岁，全职主妇）

每天早上起来，瞅着一大堆家务活，先要送蛋蛋上幼稚园，接着要给老公准备早餐，给他熨好衣服送他去上班，哪有时间做什么早间操啊。这是属于少男少女的事情，已结婚的夫妻，想都不敢想。

3 爱上早间操的九个理由

有琳达那样困惑的人不在少数，显然，罪魁祸首不在早间操，早间操既然受到那么多人的追捧，必然有其存在的理由，怎样才能爱上早间操呢？先来看一看早间操的好处吧。

容光焕发的面颜

经过了一个夜晚的深睡，起床后的你，容光焕发，皮肤凝如脂。不用担心下班时被大气污染，被工作操劳，被坏心情折磨的沧桑面容，展现在他面前是如花的你。

睡眠是最好的美容之道，所以广告里那些温馨浪漫的场景都是在一个女人早起的时候，那时，她是一天中最引人注目的时候，也是最吸引男人眼球的时候。

最脆弱的时候

什么时候人最脆弱？

心理学家认为，一个人早起的时候。那个时候，许多忧郁的人常常万事皆空，相爱的人更加体验到拥有的珍贵。而性常常因为“越脆弱越需要你而越疯狂”。还记得9·11事件结束后吗？据说从此以后美国人的性生活大大增加，因为恐怖袭击后，美国人前所未有地感到自己的恐惧和脆弱，所以前所未有地需要爱情和性爱。

而早晨起床时，人好像穿过了一个心灵的无意识的黑夜，而终于平安地看到了阳光。度过心灵或者噩梦的挣扎后，男人女人比任何时候都更加需要性爱的抚慰。

充沛的体力

上了一天班回到家里，累得腰酸腿软。即使强打精神应战，长期下去，一则容易审美疲劳，二则容易提前进入不应期。有一些经典的情侣间为性而发生的矛盾是这样的：女人穿上了蕾丝睡衣，在男人眼前暗示他。但是男人因为太疲惫，可又不愿承认自己力不从心，于是装作不识性暗号。女人于是会怀疑：难道他不爱我了吗？他对我没有兴趣了吗？

其实，不是他不爱你，是因为他上了一天班，太累了。而早间操便不会有这样的隐忧，毕竟，年轻的你们，昨天天塌了，经过一晚上的休整，早上醒来便又是生龙活虎的一条好汉。

不会带着坏心情上床

情侣之间最容易爆发矛盾是什么时候？晚上回家第五分钟。那时，两个人都负载着一天社会生活累积的负面情绪，很容易看对方不顺眼，或者为一点小事争个你死我活。琳达和戴梦便是这样，每次回到家，琳达看到戴梦窝在沙发上看电视，厨房里空空如也，而自己刚才在地铁站差点被人挤掉了高跟鞋，于是立刻火上心头，一次家庭大战便势所难免。

但早晨不一样了，把一切不快抛在昨天，焕然一新的心情有助于你拥有更美好的性爱。管它昨天老板的脸色还有地铁站里的咸猪手，经过一个晚上的深睡，都抛到九霄云外去了。

有利于一天的好工作

一场和谐美好的早间操，可能让你一天的心情都无比振奋。心理学家认为，假如有一天早上你去医院看病，突然受了一位中年医生没好气的训斥，很可能是因为他们的性生活不和谐，内分泌没有通顺，所以容易发火，而一场和谐美好的性爱可以分泌足够的内腓肽物质，让人振奋。

25 岁的安妮说，有一天早上，她和男友很快乐。结果走在街上，看着每一个路人她都忍不住想亲吻对方，告诉他们自己的幸福。而工作效率，用她的话说是：那是相当的高。

最好的减肥之道

与其出外沿着小区门外的河边跑上三千米减肥，不如和男友来一场增进感情的早间操。据说十分钟的爱抚可燃烧 50 卡路里，想想一个早间操可以为你减掉多少多余的脂肪。当然，切记不要为了减肥而刻意做早间操。

最利于性爱的生理条件

性生理学家们认为，早晨是人体最适合做爱的时机。因为经过一个晚上的休整和消化，人体变得更轻盈。特别对于某些具有腹泻，胃肠道疾病的人来说，选择一些性爱体位，不会引起生理上的疼痛。

让窗帘的阳光射进来

人们总是躲在黑暗里做爱，可是看到过春天到来时的草原吗？动物们都喜欢在温暖的阳光下懒洋洋地欢爱。沐浴阳光，和万物一起繁衍生息，显然也是人类的集体无意识渴望。所以当金灿灿的晨光照射着你们的身体时，你像维纳斯他像天神的感觉，一定让你们更加性致盎然。

绝对不用担心老板或者电话找你

晚上，好不容易收拾完毕，刚准备上床，变态老板的电话来了，布置明天的工作。在老板眼中，可没有公私概念，只是硬着头皮接完那个电话，想必你和他也兴味索然了。或者好不容易刚进入状态，突然一个电话来了，好友阿罗相约去泡吧，你是答应还是不答应？

但是早间操便没有这种担心，热心的好友和变态的老板无论如何不会在这个时候来打扰你，你们可以尽情地心无旁骛地做爱。

4 早间操实战之三大纪律七项注意

知道了早间操的那么多好处，怎样才能做一场高质量的早间操呢？下面的三大纪律八项注意是你应该学会的。

早间操实战指南之三大纪律

你注意容颜的装饰了吗

唐朝杨贵妃从不让唐明皇看到她晨起时未梳妆的样子。古代的青楼女子也知道，要想保持自己在客人面前的神秘感，无论睡下多晚，一定要在客人醒来之前梳洗打扮。这样，客人醒来时，就总能看到自己光彩照人的一面。记住，早间操固然好，但一定不能蓬头垢面，口吐大蒜味地贴近他。26 岁的小 A 就说，有一次女友这样贴近他时，吓得他起了一身鸡皮疙瘩，怀疑那是昨夜还美若天使的女友吗？

美需要距离和掩饰，如果不想男人在短时间之内就对你审美疲劳，那么总给他最光彩照人的一面，是有科学道理的。

别恋战太深

如果是周末还好说，如果两人都是工薪族，做完爱后还要挤地铁去上班，那么云雨之时，也不要过度才好。23 岁的小榕说，有一次她和男友因为在床上恋战得忘乎所以，不但错过了上班时间，而且好不容易火烧眉毛一般赶到办公室，一整天都困得直在办公室打盹。结果办公室的同事都心照不宣地笑她昨夜肯定是纵欲过度了，弄得她很是尴尬。

也别限定时间

恋战太深固然不好，但拿着秒表给男友限定时间也不对。24 岁的阿雪就说，因为她是办公室的文员，必须九点钟到办公室。那天早上她和男友做早间操时，她一心想着可能要迟到了，结果心不在焉地盯着秒表不断催促男友快点，弄得男友很是扫兴。

男人最怕限定时间，不但容易破坏了他的兴致，万一落下个顽疾事可就大了。所以，如果早间操的时间不够，宁愿不做为好。

早间操实战指南之七项注意

早间操既然如此实用，那么如何做一场完美的早间操呢？下面的一些实战指南显然更有必要：

✤ **提前准备好道具吧。**不管第二天会不会发生早间操，提前准备好道具显然有必要，比如来点漱口水，比如准备好毛巾等。毕竟，早间操时间紧急，为到时手忙脚乱地找各种道具而浪费时间，实在可惜。

✤ 一起吃早餐。时间允许的话，为什么不一起吃早餐呢？26 岁的拉拉的经验值得借鉴，她和男友一起吃早餐时，故意将早餐放在自己的身体上，把自己变成了一道“人体盛”，用男友的话说“秀色可餐的感觉好极了。”

✤ 说些呢喃的情话。做梦是人回到潜意识的时候，做梦是一个人体验恐惧的心灵旅程。现在，梦醒了，你们经历过短暂的分别后，终于醒过来，是不是感觉更加需要对方？那么不妨告诉他，感谢上帝，每个醒来的早晨，可以第一眼看到就是他；感谢上帝，让你们可以平安喜乐地开始新的一天。这些情话是最好的前戏。一定要记住，早晨醒来的第一刻，是一个男人最喜欢倾诉的时候。

✤ 不一定要达到高潮。所有人觉得高潮是性爱的最高目的，但性爱的嬉戏精神显然更重要。如果考虑到白天要工作，那么最好的办法是有足够的嬉戏，但不必达到高潮—剩下那么一些不满足，不但保存体力，还令人回味无穷。记住，医学证明，一些体力不好的男人，如果忍精不射，可以既体验到性爱的欢娱，同时也可以保存体力，不至于让自己白天过度疲倦。

✤ 尝试一些快速法。时间很急，任务很重，怎么办？早间操毕竟不像夜晚，可以有漫长的时间和心境慢慢准备。所以打一场短、平、快的战役显然来得更加实际。想想你们在野外，黑暗的影院怎么做的吧。把那些速战速决的招数应用过来。

✤ 最合适的音乐。如果晚上可以放一些轻柔的《致爱丽丝》，让人昏昏欲睡，沉入集体黑暗的话，那么早间操时，不妨放一些催人振奋的音乐。24 岁的小艾说，有一次她和男友一边放着某进行曲一边性爱，男友踩着密集的鼓点有节奏地摇动，那种感觉实在好极了。让他们感觉新的一天开始了，美好的生活让人振奋。

✤ 别感冒了亲爱的。一场火热的性爱过后，人体的温度容易迅速升高。而早晨的风凉，如果沐浴后又迅速去室外活动，那么我们最后的提醒是：亲爱的，早晨风大，一定注意别感冒了。毕竟，夜晚性爱可以让你完事后充分地休息，但早间操却没有这福气了。

晨间性爱健康他和她

1. 她：如果早间性爱之后，出现了腰部胀痛不适的感觉。很可能不是性生活过度所致，也不是其他疾病的表现，而与盆腔淤血有关，是晨爱引起了盆腔淤血。缓解办法是做爱完毕后起码要休息半个小时，这样就可避免发生盆腔淤血症了。

2. 他：早晨性爱时，他的阴茎看似容易勃起，但可能和憋尿有关系。用憋尿的方式增加性能力，这种方法可能会对膀胱等产生不利的健康影响。所以最好先排尿再性爱。

二．性平衡术，杠杆上的鱼水之欢

性爱要不要随着时间一起成长？

答案是肯定的。每个人不可能初涉爱河便变成一个性爱高手，恰恰相反，很多最初开始出现的性爱问题，恰恰要随着时间的流逝慢慢解决。如果把和谐的性比喻成杠杆，杠杆两边的性爱AB方力量相当，条件互补的话，那么随着时间的流逝，不断让性爱条件取得平衡，便是和谐的重要因素。

哪些情况下需要平衡？如何平衡？

平衡术1：当琼瑶女生遇到管道工

20世纪七八十年代的女孩是读着琼瑶的小说长大的。少女怀春时期，琼瑶阿姨只教会了柏拉图式的浪漫之爱。至于性爱，那只有在《少女之心》中才能偷偷看到。可是，那是怎样的性启蒙啊。

漂亮的RAY便认为性是一件不太高尚的事情。她曾经有校花之称，向往极了琼瑶阿姨小说中的围着白围巾，风衣飘飘的儒雅男生。问题是儒雅男生往往从小不爱锻炼，性欲望也不怎么样。因此谈了几年的恋爱，RAY也不知道性快感什么样？这使她觉得性可能就是这样子，因此可有可无。

她有了性冷淡。

RAY 后来的丈夫是一位体育教师，他有点像《绝望主妇》中的管道工一样，我们并不认为这位体育教师就一定是性欲旺盛的。但比起以前风衣飘飘的儒雅男人，体育教师确实很会享受性，这可能来自于他爱运动，从小体质好。起初，他挨近 RAY 时，RAY 总是特别厌恶，有时甚至只想体育教师赶快结束，自己好去洗浴间冲洗。但体育教师非常耐心，在他一点一点地开发下，有一天 RAY 充分享受了性的快感。这使 RAY 觉得，在精神上自己似乎更适合同类型的男人，但在身体上，她更适合和自己性格互补的男人。

平衡要点

在婚姻上人们要寻找互补，这里面有时也暗含着性的互补。从情感上，一个女人可能容易被和自己相同的男性打动：如果她是安静的，她便在寻找安静、从容、优雅。但问题是，这种组合可能对性于事无补，因为对方很可能也是一个性的弱者。《绝望主妇》中满是这样的情景：他很适合做你的精神伴侣，但并不适合做你的性伴侣。所以，“绝望主妇”们看到肌肉结实的管道工，双眼放亮。

如果你是一个理想浪漫化的女人，那么你最好找一个互补的充满肉欲之乐的男人。这样的平衡才不至于让你因为漂亮，变成彻底的性冷淡。

平衡术 2：当洛丽塔遇到“熟男”

一个女人，如何怀念她的第一次？

安妮的第一次给了一个她终生难忘的男人。那是上次大学时，他是哥哥的朋友，一个花花公子式的人物。那个夏天的午后，他引诱了她。留在印象中的，还有那个夏天的蝉声。她记得那个男人温柔，好像后来她看过的一部《情人》片中的富商男人。她就这样结束了第一次。好像小说《洛丽塔》，她的第一次给了一个年长她的男人。

安妮后来一直难忘那个花花公子式的男人，尽管他很快离开了她，并且再也没有在她的生活中出现过。但是他在安妮的心海中搅起了狂风巨浪的伤害，很长时间才平息，安妮一直觉得，性也许就是这样，是令人反感的。安妮后来遇到了许多男生，那些男生们常常很快速。这让安妮更加深信男人没有一个好东西，性更是这样。

直到 JACK 的出现。他是一个成熟的男人。他慢慢地了解留在她心底的阴影。他每一次小心，温柔，体贴。他慢慢地诱导她讲出内心的问题。他并不急于得到安妮，只有在他的面前，安妮才慢慢放松。经过很长一段时间后，她才淡忘掉过去的阴影。

平衡要点

一个女人曾经在性爱中受到伤害，她后来的性爱中，如果再遇到一个懵懂的自我的小伙子，那么对于这种伤害无疑是雪上加霜。

所以，平衡的要义就是，此时重要的不是性，而是安慰和理解，是抒发出内心的郁积，驱散出心底深处的阴影。此时，管道工的粗暴男人是不合适的，儒雅男人或许应该上场，因为后者具备温柔，体贴。洛丽塔们更需要这样的熟男的温柔体贴，而不是管道工的有力的冲撞。安妮后来的不幸在于，她遇到了一些类似的懵懂的小伙子，让她的性雪上加霜，而最终，她遇到了一位可以帮助自己成长的男人。

平衡术 3：男强女弱和女强男弱

夫妻中的性不对等问题，一直困扰着许多人。

她和他是大学校友，他们年龄相当，结婚之初，他每天生龙活虎，一天恨不得二十四小时和她腻在床上。可是那时她的性还没有开发成熟，她总是疲于招架。有时她甚至怀疑他是不是满脑子花花肠子，总想着这种事情？他们因此为性的节奏的不对等频频发生冲突。

后来他们结婚了，三十多岁后，孩子也出生了，家里的各方面步入正轨。他每天忙着公司里的事务，忙得别说做夫妻之间的好事，就是连出去做出轨的坏事的精力也没有。反倒是，她开始渐渐空闲了。孩子去了学校，老公忙于公司，她则无所事事。也许饱暖思淫欲，她开始感觉体内的欲望水涨船高。

夜晚，她暗示老公，老公累得骨头都散架了，从前那个生龙活虎的男人，现在好像变成了木头人，对她的暗示无动于衷。

这到底是怎么了？为什么随着时间的推移，他们的性没有变得更好？

平衡要点

性学家们发现，真正理想的婚姻其实应该女大男小一些比较好。因为从心智上，女性要比男性成熟早。而从性上，男性要比女性成熟得早，女大男小的姐弟恋，一是有利于婚姻的和谐，有利于满足女性照顾，驯服，控制“小老公”的潜意识，更重要的是，当女大男小的婚姻，可以有效平衡因为年龄造成的男女在性上的不对等。

比如三十多岁后，当女人的性开始成熟并且旺盛时，二十多岁的男人正好也进入了性的旺盛期，此时，他们才能更加和谐。从这个角度说，中国民间说的“女大三，抱金砖”是不无道理的，至于为什么现实中却恰恰大都是男大于女，它更多是男权文化的产物。

平衡术 4：婚前性和婚后性

七年之痒或者审美疲劳真的存在吗？或者说，我们有没有解决的办法？

悦和丈夫结婚已经三年了，结婚之前，他们偶尔有性。两个人在各自的城市里，每一趟相聚之旅都需要付出极高的时间和经济成本，因此，每一次两人见面，总恨不得赖在床上不起来，用悦的丈夫的话说是：我们要把付出的相聚成本，通过做爱补回来。

那时，性爱是如此的生机勃勃，令人难忘。

为了能够不用天天付出坐飞机去另一个城市做爱的成本，他们决定结婚，天天一块儿住，这样想做就做多好啊。可是结婚不到三年，悦发现丈夫对自己的兴趣越来越少了，性爱倒是唾手可得，问题是唾手可得的性对于他们来说，似乎很快便索然无味。缺少刺激，紧张，每天两人在一张床上滚来滚去，用丈夫接着的话说是：不审美疲劳才怪。

平衡要点

一个人对另一个人的性能量，是不能滥用的。所谓的生命能量转化，所以，结婚多年的夫妻之所以容易出现审美疲劳，便是没有有效地处理好性能量和性保鲜之间的平衡关系所致。

为什么不试着分床一段时间？为什么不试着小别胜新婚一段时间？为什么不尝试着像婚前那样，禁欲一段时间？还有，为什么不试着增加前戏和抚爱时间，减少实质性爱发生的次数？越是性唾手可得时，越要减少性的次数，给性增加一些神秘感和不轻易可得的挫折感受，这样，性激情维持的时间才可能更长一些。

平衡术 5：以数量取胜和靠质量取胜

新婚之初求次数，恨不得夜夜欢歌，这是大多数情侣的想法。LEAY 和丈夫大李就是这样的。有时两人正上着班，突然一方有热望了，赶紧打电话给对方，于是 LEAY 心照不宣地赶紧找理由回家，那时，用大李的话说是，再这样下去，非得死在床上不可。

但时间没过多久，他们的性就渐渐少了。有时一周才一次，LEAY 和大李都感到很焦急，他们这样，是不是有问题了？是他们感情危机的前兆吗？还是他们衰老的标志？或者，他们还要不要过于看重次数问题？

平衡要点

婚姻许久的夫妻，性次数减少应该是必然的规律。如何平衡这一点呢？德国的性学家们提出，性爱要重质不要重量。重量是年轻人的事情，对于成熟的夫妻来说，不应该过于看重次数，而是加强有限的每一次的内心感觉，重视氛围和内心营造。

成熟夫妻比起新婚之初的夫妻，多了更多的温情和精神交流，所以每一次性爱，精神含义大于技巧含义。而且，随着两个人日积月深的磨合，性技巧更加成熟，对于对方的性偏好也更加熟悉。此时，用质量来平衡数量的不足，才是问题的解决之道。

三．婚龄向左走，欲望向右走

夫妻在一起生活得时间长了，感情越来越深，冲动却越来越少，当我们没有进入婚姻时，理想的设想是：两个人越相爱似乎就越有激情的性生活，但现实却是矛盾的：婚龄向左走，欲望却向右走。

这是为什么呢？为什么爱神在展翅飞翔时，性欲却感到疲惫不堪，怎样让我们重新拥抱蜜月情怀？

1 我们为什么做得越来越少

来信的是一位女士，今年36岁，我们暂且称呼她为娟，娟的信是这样写的：

亲爱的先生：我看了许多你写的关于两性的文章，我想你应该可以回答我的这个问题吧。

我的问题是：假如两个人非常非常的相爱，但他们却越来越不想做爱了，这是否正常？换一个说法是，如果他们没有性爱，他们之间叫真正的爱情吗？

我和丈夫结婚已经六年了，六年，应该是一个非常值得骄傲的婚龄吧，我们从风花雪月的恋爱生涯到后来结婚成家，买房置业，生孩子，一起走过了多年生活的风风雨雨。六年的酸甜苦辣让我们越来越相信一个真理：即对方就是自己这一生要携手相伴的人，我相信没有什么可以将我们分开，如果上天安排，我愿意为他付出我的生命。

怎么说呢，不是有一句话吗？老夫老妻就像左手和右手一样，摸着虽然彼此熟悉，可如果砍掉任何一只，都是万万不能的，否则便会撕心裂肺的痛。

我想这大概就是婚姻吧，两个人越来越像亲人一样，彼此离不开，彼此怜惜和疼爱。

但我在幸福的同时，还是有些淡淡的失落。是的，亲爱的先生，请允许我这样表达我的心情，我想我的丈夫是不会察觉这一点的，否则，他会伤心，但因为你是陌生人，所以我可以敞开心扉，表达我真实的感觉。

你一定和我一样喜欢《廊桥遗梦》吧，弗朗西斯科的心境就是我现在的心境。就是在昨天，我又重温了一遍这个老片，然后在夕阳下看着远处的城市，心底的惆怅像黄昏的暮色一样，层层袭来。我为弗朗西斯科感到幸福而忧伤，我甚至想如果遇到金，我甚至是不是也会像弗朗西斯科一样，可以不顾一切？

但我还得回到现实中来，过我现实的平淡的没有激情的生活。是的，没有激情，从和丈夫结婚的第一天起，我就感觉激情越来越少了。

我想告诉你的是：我们已经半个月没有一次性生活了，更可怕的是，我们似乎都觉得这非常正常，也根本不需要对方。我甚至想，如果半年，一年我们都不碰对方的身体，我们是否也能相安无事地过下去？

我们现在还躺在一起，可有时我觉得和他就像大学宿舍的同学，家只不过是旅馆。

但上天作证，我是爱他的，我经常在黑夜里反反复复地问自己，结论仍然是：这个男人是我生命的支撑和动力，没有他，我可能根本活不下去。

但我们越来越缺少做爱的冲动，经常的情况是：他下班回家，放下公文包，吃完我为他精心准备的晚餐，然后躺在沙发上看电视，或者去书房继续他未完的工作，深夜十一点左右，走进卧室睡觉，有时我们聊一会儿关于工作，孩子的话题，有时什么都不聊，第二天便一切照旧。

缺少激情的生活有时让我烦闷，我总觉得内心常常有一股冲动，远走天涯，有一天离开这个家。但我选择了忍耐、妥协和放弃，我是一个女人，我爱这个家，爱丈夫和孩子，他们是我生命的依托。

但我怀疑我会因此很快老了，很快变得青春不再了，有时我会性幻想，对着别的男人，但是我知道那一切也仅仅是幻想而已，我不会去伤害我的丈夫，他是一个好人。

② 做爱少便一定不正常吗？

亲爱的娟：首先我觉得我应该祝贺你，为你拥有一分平淡但却幸福的婚姻。不是有一句话叫平平淡淡才是真吗？有时候，平淡也是一种珍贵的体验，我们身处其中常不察觉，但过后往往才觉得它的难得，我想你已经认识到这一点。

先来回答你的第一个问题：做爱少便一定不正常吗？

答案显然是否定的。

也许，深入所有婚姻的内部，我们会发现，激情的淡化是男人女人结婚后的宿命。想要一对夫妻过了很多年后，依然保持一夜三四次的频率，是不现实的，也是不可能的。家庭道德与责任感要求人们忠实于一夫一妻制，而激情本质上是一种化学变化，是生物的，与它相连的是人们对性的喜新厌旧的天性。人们总是在这种二律背反中唱着无可奈何的挽歌，一遍遍地在性的欲望和道德之间挣扎。

我们不必非要在婚姻年龄越长，性频率越少的解决办法上纠缠不放。也许只要有一夫一妻制存在，我们就无法避免性激情和性频率在婚姻中的减少。而人类尚只能以遵从一夫一妻制作为我们最文明的家庭组合形式时，我们面对这样的现实情况，也许应该执著的不是去如何让性频率像新婚时一样多，而是重新调整我们的心态，接受它。

记得有一位作家在回答一位抱怨很久没有和妻子做爱，摸着她的手就像摸着自己的左手和右手一样的读者提问时，说："那又有什么不好呢？哪怕老了，我们只能抱着一起，没有任何冲动地说一些呢喃的情话，那也是好的。"

当性的激情在婚姻中慢慢淡化时，一起改变的应该还有我们的心境。人们是害怕老的，渴望激情的本质是不想让自己感觉衰老，想重温那些年轻时的体验和情怀。然而，这样的努力是和生活的必然发展背道而驰的。当性淡化时，当两个人的冲动越来越少时，我们应该知道：我们应该完成的是性从重视数量到重视质量的转变。我们没有那么高的频率，那是生活正常的一部分，但我们有说不完的情话，有温柔的拥抱，有丰富的心理感受等，这些是人近中年重视质量的优势，是与青年时的重视数量不同的。

我想，当男人们因为性原因而纷纷外遇受到道德打压，外遇之故事依然演绎得如火如荼时，我们真正应该对男人进行的教育是：当你的性变得稀少时，接受它，看成生活正常的一种状态。不要为此大惊小怪。恰恰相反，正是那种渲染它为不正常的说法，加重了男人的恐慌感，加速了他们从婚姻中逃离的冲动。

很多时候，你可以试着这样问问自己：

★ 我们的性虽然次数减少，但我们是否更加重视每一次的质量了？

★ 我们是否更加重视亲昵的语言、动作等能够创造情趣的行为?

★ 我们是否更加懂得技巧，更加懂得怎样疼爱对方?

★ 我们是否更加重视心灵的感受，更加在两个人的关系里感到安全、依赖和责任感?

★ 虽然次数减少，但我们并没有从中感觉到不适? 因为我们自己感觉到现在的身体状况已经不是二十三四岁时的情形了? 比如，我们的欲望确实是越来越少了?

★ 我们是否正在进入中年危机，经常爱怀念年轻时的激情，并且错误地希望重新去拥有那些激情?

★ 我们是否受了一些所谓爱情文艺片的“毒害”，认为现实生活应该和文艺中一样浪漫?

如果在以上的回答里，你的大部分的回答是肯定的，那么请接受现在的性次数减少的现实，并且理解它是一件正常的事情。在婚姻学家们看来，相爱多年的夫妻的性没有像年轻人那样来得激情剧烈，但是他们会更加重视心灵的感受和情感的寄托，在专家们看来，中年夫妻们的性不是减少了，而是消融在生活的许多细节里。

3 我们怎样让爱做得更多?

现在，回答你的第二个问题：如果我们感觉它不正常，我们应该怎么办?

大多数的传媒正在教导各种技巧，但在杰出的性心理学家罗洛 · 梅看来，我们这个时代的性面临的最大问题是，人们越来越习惯依赖技巧。许多男人期待着成为技巧高手，传媒充斥着各种教导人们应该怎么做的技巧，多少时间算合格。实际上，当你掌握各种技巧时，你真的变成了一个性爱高手吗? 然后技巧越多，冲动的频率自然越来越多吗?

罗洛 · 梅曾做过这样一例心理咨询；一位丈夫抱怨自己很久没有和妻子亲热了。不是他不想和妻子亲热，从技巧和尽丈夫责任上说，他可以很好地完成。但是他的身体不听心灵的召唤，当那些步骤很好地完成后，他丝毫无法感受激情。他缺乏冲动。无论他用怎样的技巧，那些年少时的激情，就像海绵的水一样，早已经被吸干了。

罗洛 · 梅感叹：也许我们缺少的不是技巧，而是激情和冲动。但是当代的性教育总是喋喋不休地教导人们用怎样的技巧去改善无性婚姻。许多读过那些技巧的人都知道，一个人对另一个人缺乏激情，纵有万般技巧，也是无济于事的。只是像皇帝的新衣一样，人们不想承认这一点，他们努力地学习技巧，然后期待着性生活重新像新婚时一样甜蜜。

技巧有没有作用呢？显然在具体情境下是有用的，但是过分依赖技巧，本质上还是将人看成纯粹的机器。

接着请继续来回答我的一份问卷：

1. 你有没有隔一段时间变换你的卧室，让它不再单调或者千篇一律？

2. 你和你的丈夫是否每天都感觉工作太累，但你们却任其自然发展？总想把工作全部干完再休息？

3. 你们是否从来没有想象过借助性玩具等来增进情趣？

4. 你们是否喜欢把性冲动减少的原因怪罪为另一半的魅力不断减少，却没有想过，性从来就应该是两个人的事情？

5. 多年的老夫老妻了，你会不会觉得一些细节可以忽视？比如你的腋毛很粗，指甲留得太长？你甚至很少注意个人卫生，也不注意内裤的整洁和创造性，在丈夫看来，你早已经从风华绝代的公主慢慢变成邋遢的黄脸婆了？

6. 你们是否总是在同一时段过性生活，而且遵循的程序、姿势千篇一律？

7. 浓情时刻他总是表现得很开心，于是你有时是否便趁此提出一些相对奢侈的物质要求，使他感到自己是在花钱“买性”？

8. 你们是否从来没有尝试过去野外“寻欢作乐”的乐趣？记得恋爱那阵，在公园里偷偷行事的神秘和刺激吗？

9. 生完了孩子后，你是否对性好像变得有点不太热心，丈夫几次向你发出性暗号，强烈地暗示你，但你好像波澜不惊，他因而无精打采，情绪不佳，你却根本不会意识到问题的严重？

10. 你们是否尝试过隔一段时间禁欲，然后“期待性交”？人的生理周期是有一定规律的，《激情性爱》一书的作者 STEIN 认为，“很多夫妻从来不花时间计划亲密，但是性本身，其实完全是由期待来支撑的。”

如果以上的回答，你即使有一项答案是，那么请从现在开始努力去改善它，并且做得更好，因为以上的所有原因都是影响你们的性生活渐趋变少的因素之一，只有消除它们的影响，你们才能拥有更加快乐的性生活。

四．你是敏感的性雷达吗？

“请注意，火星人现在要和金星人亲密接触了”。

他发出了火星人的第一号亲密信息，你能够及时接受吗？是如读天书，还是像破译外星人密码一样，不知所云？

如果是这样，你的性雷达还不敏感，需要赶紧改善软硬件，让自己变成“易燃品”。

1 案例操练：我总是不能读懂他的亲密信号？

（向英，女，28岁，全职主妇）

很郁闷，我认识的每一个亲爱的，简直都说我是木乃伊。

记得初谈恋爱时，那时不懂性。有一次在家里和男友偷偷亲吻，吻着吻着就感觉男友心跳加速，满面红光，我不懂，以为他是病了？很天真地问他怎么了？男友被我逗笑了，说我简直还生活在幼儿园大班。

我们分手的原因就是在他看来我这样纯洁的人，让他不敢亲近，否则有一种犯罪感。他屡次想得手，但最后放弃了。

后来结婚时，起初丈夫简直是个“色情狂”。记得有一次家里来客人，几个姐妹闹着打麻将。那天一开始就感觉他心里有事，但就是不明白。丈夫挤眉弄眼地，使了好几次眼色让我赶紧打发姐妹走，可是我根本没有领会他的意图。到了最后，他亲自上阵，对姐妹淘说：“一会儿要不要给你们家老公打个电话，免得他担心？”直到这样，才把她们打发走。

那天走后，他一边急不可耐地把我朝床上拖，一边咬牙切齿地说把他都快等出火来了，都怪我简直是花岗岩墙壁，不懂他的需求。

总之，这样的误会有很多，老公在那里兴致盎然，我总是不知所云。他说我是性绝缘，总是孤独地让他一个人的兴致没有回应。可是谢天谢地，我很爱他，和他在一起也很享受性爱的快乐，只是为什么总是不能及进捕捉他的性暗号呢？

2 测试：你是敏感的性雷达吗？

1. 他在床上假装看书，还不停催促你去淋浴，你的反应：

A，他想春风共度，和我共浴爱河

B，他累了，想早点睡觉吧

2. 吵架后，他从身后抱住我：

A，他也许想用身体抚慰我

B，休想，别搭着梯子就爬上来了

3. 他放了很多情色片，还邀请我一起观看

A，他想和我一起学习性知识

B，老流氓，天天脑子里不想正事

4. 他说“你看波姬小丝很性感”

A，他意思是希望我更性感

B，吃在碗里看在锅里，男人都这德性

5. 他穿着内裤走来走去？

A，有那么点意思希望上床吧

B，显示自己的身材吧

6. 我总是很容易兴奋

A，是，一触即燃

B，不是，要有漫长的马拉松式的预热

7. 别人都说我风情万种

A，是，简直像玛丽莲·梦露

B，不解风情

8. 我善于制造性爱氛围

C，是，家里像个欢乐谷

D，不是，家里像办公室

9. 他说今天压力很大，你会想：

A，我需要用身体抚慰他

B，谁的压力不大，让他自我调节吧

10. 我们回答一些性爱测试时，总是：

A，很默契，基本珠联璧合

B，很不默契，错误率百出

测试结果分析：选 A 得 1 分，选 B 不得分，把你的分数相加，看看你的

得分结果如何？如果你的分数

0-5分，对不起，你不但不是性雷达，很可能是性爱黑洞区，任何性爱来电都在你那里无法显示。之所以如此绝缘，很可能因为你平时对性视若无睹，也可能因为你是清教徒，呆板、克制，所以脑子里没有“性”号。

4-6分，你的性雷达处于普通水平，有时，你能够捕捉一些信息，但更多时候，你会不知所云。建议你加强修炼，多看一些性爱书籍，或者尽可能开放自己的内心，勇于倾听身体的感觉。

6-10分，恭喜你，你简直是敏感的性雷达，你的雷达软硬件都很合格。你甚至可以上天揽月，下地探险。一切甚至来自外星球或者万里之遥的性息，你都能及时捕捉。这会让你很有异性缘，因为你总是能够默契地照顾男人的需求。

3 性雷达破译男人性密码之典型语言篇

1. 我只是想整晚抱着你。

2. 我从来没有做过，我知道你也没做过。

3. 我只是想让你觉得舒服一点。

4. 我修了这么多女性研究的课程，使得我对自己的性行为感到很困惑。

5. 衣服很美，我帮你脱下来好不好？

6. 如果你爱我，你就会跟我做，难道你不爱我吗？

7. 帮我擦背好不好？

8. 我的拉链乱成一团了。

9. 我很喜欢你的腿，我真想更深入地看看它们。

10. 要是明天爆发核子大战，你岂不是临死都不知道跟我做爱是什么感觉吗？

11. 跟我做吧，到了明早，我仍会尊重你。

12. 跟我做吧，一个女人只有和一个男人做了，你才会更加爱我。

13. 我们要不要一起欣赏一些人体艺术片？

14. 我真不知道我应该怎样爱你，我只想用我的身体来表达。

15. 都什么时代了，你还这么保守吗？

16. 今晚去我们家吧，我一个人感觉很寂寞。

17. 长这么大了，我都不知道和女人亲热的滋味。

18. 我没有别的意思，我就是想爱爱你。

19. 老婆，你看我的内裤美吗？（很风骚地在你面前展示）

20. 我听说如果一个月没有做那种事情，人会老得很快的。

21. 今天，我来洗碗，你早点洗浴上床吧（他平时基本不洗碗）。

22. 今夜，月色正美，我们是不是用某种特殊的方式来庆祝一下（此时，难得地相拥在阳台上一起看星星）。

23. 老婆，你做的饭让我感动（在厨房里，从身后抱住你）。

24. 一个人洗澡没有意思，我们一起吧。

25. 快帮我拿条毛巾来（明明有毛巾）。

26. 我想抱着你。

27. 现在是受孕最佳时间。

28. 我觉得你越来越性感了。

29. 我想用一种特别的方式，让你快乐。

30. 宝贝，快来坐在我的大腿上一起看电视。

31. 你身上的香水很香，我闻闻用的是什么香水。

32. 睡不着，我们一起来做游戏好不好。

4 破译他的几种典型身体性爱密码

他穿着内裤在你面前走来走去

他从浴室里出来，身上飘着沐浴露的芳香。他围着一条浴巾，焦灼地在你身边走来走去。他甚至不经意间做些亲热的小动作，比如当你在厨房洗碗时，他偷偷地从身后抱住你，然后将头埋在你的秀发里。

破译他：有的男人可能会直奔主题，但大多数的男人是用身体语言示爱的。婚姻研究专家认为，结婚多年的夫妻，会在身体语言上形成默契，所谓的“夫妻感应效应”。不同的男人渴望性爱的身体语言不同，但是相同的是，他们会做些小动作，会显得心神不宁，焦虑不安。

明明有沙发，但他偏要和你坐一起

沙发很宽敞，但他偏偏要坐在你身后。他慢慢地靠过来，或者假装削苹果，或者要和你同看一本杂志。总之，曾经宽阔十公分的距离渐渐变得亲密无间，等到你发现时，已经回天无力了。

破译他：男人会比较懂得预热性气场。他懂得直奔主题会让女人很反感，所以先做一些亲热的小动作预热，让女性的身体放松。逐步拉近距离的过程也是逐步观察女性反应的过程，当他确信你并不反感时，一场性爱就顺理成章了。

躺在大床上，要你按按摩

他很放松，让你做按摩女郎。并且惊天动地地喊这里痛那里不舒服。可是你感觉他一脸坏笑，按的方位总不能让他满意。等到你快不耐烦了，问他到底哪里不舒服时，他才抓住你的手，很流氓地告诉你哪里不舒服了。

破译他：男人喜欢围追猎物的感觉。他早就精心设计了一个性圈套，但需要一个高明的配角配合他。所以女人若是装作无知，若是让他兴致高涨地看着性猎物一步步走进他的围猎圈中计时，他才会有一种计得意满的感觉。所谓的按摩，只不过是一个逐步试探，预热身体的性爱小把戏。

让你做他的时装模特

他非要看一场时装表演。因为这个晚上，他给你买回了一堆漂亮的衣服，并且急如星火地催你试穿。你心想明天穿还不行吗？但他说晚上看老婆穿衣服最漂亮。于是，你成了他的时装模特，一件件试穿的过程，你发现他的眼神越来越怪，呼吸也越来越急促，后来他要过来帮你理裙角，但是却把你理到了床上。

破译他：男人都知道女人容易感动，一些漂亮的衣服，往往是温情的催化剂。性爱自然需要好心情，他付出了，很多时候需要用你的性爱来补偿。所以《色戒》里才会有王佳芝一件件换衣服的过程，就是易先生燃性的过程。

让你帮他擦擦后背

他在浴室里声声叫唤：“老婆，快过来帮我擦擦后背。”这是啥年代了，以前他可是洗澡的急先锋，哪里像今天这样精细。你只好做一回雷锋，拿着浴巾就进去帮他擦后背。他像指点女仆一样指点方位，等到你发现事情不对时，满屋的水花已经让你的意识一片朦胧了。

破译他：浴室是一个情欲的高发地带，男人对于浴室的钟情就如钟情海滩和野外一样。据调查，鸳鸯浴等是男人最喜欢的性爱方式之一。有时候，他担心这很色情，让你接受不了，或者即使能接受，直白的接受不如蜿蜒千回的曲折要更有趣得多。所以擦背同样是一个性爱小把戏，重要是那种看着你上钩、预热的过程。

5 性雷达之软硬件升级篇

如何变成敏感的性雷达？这需要从今天开始，赶紧升级你的性雷达装置，让你变成敏感的性雷达吧。

1. 听觉：不要只习惯听甜言蜜语，更要学会破译火星人那迂回曲折的语言背后的性号。这就要求有发达的性听觉。如果他发来的性号，你听成了其他信息，对不起，赶紧改装你的听觉系统。

2. 感觉：最是只可意会不可言传的，也可能是默契，也可能需要靠敏感。俗话说的不解风情，往往就是指没有性感觉的女人。他在那里百般暗示，你却好像云山雾罩，这样的感觉系统当然有问题。

3. 视觉：这就要求你能够透过现象看本质。他在那里满面潮红，千万别以为只是上火了；他在那里坐卧不宁，千万别以为他有多动症。男人每六分钟想一次性，不管这是否夸张，但很多时候，他有他的性语言。

给你的一点贴心忠告

即使有时读懂了男人的性暗号，也要装作不懂。性爱要的就是那种微妙和默契，意会比起明说更让人回味无穷。

五．男女互相学习性爱好榜样

床上不应该有战争，但床上又常常充满战争。

两性学者约翰 · 格雷在《女人进卧室向左，男人进卧室向右》中说，男女在卧室的表现常常南辕北辙。

如果男人女人互相学习彼此的性优点呢？

1 男人应该向女人学习的 7 个性优点：

学习优点 1：女人重视前戏

向女人学习性爱氛围的营造。不仅是简单地说些“我爱你”或者“心肝宝贝”，更多是理会女性在性爱前的铺垫精神。浪漫的性爱氛围不必像文学作品中描写的那样奢侈豪华，一般的家庭也可以创造出浪漫的环境。例如清洁的房间，插满鲜花的花瓶，新换洗的床单，与环境相适应的香水气味，朦胧迷离的灯光色彩，性感诱人的衣着，缠绵柔情的音乐等都可以构成触景生情的浪漫的施爱环境。

学习优点 2：学习女性的小把戏

她上床后，简直是床上的小可爱，一会儿来点正话反说：“你好坏，好流氓”；一会儿故意很淘气，满屋子扑腾，故意让你得不到。所以那些古装戏里的俏娇娘，在红烛洞房里左躲右闪，其实恰巧是一种性游戏，让男人更加欲火中烧。

如果你对她的这些小把戏曾经迷恋不已，那么为什么不学习她呢？听听女人怎么说的吧：“是的，我不喜欢男人到了床上还义正词严，一本正经，恰恰相反，那些喜欢在床上耍耍宝的男人，才更让人喜欢。”

学习优点 3：让全身成为敏感点

女人比起男人的身体更敏感，翻开女人的身体地图，敏感点仿佛无处不在。耳梢、发丝、唇、乳房等，女人的身体就是一张敏感地图，随便一个小处的星星之火，仿佛可以立刻燎原成为全身的快感滔天。也许有男人会妒忌地说：那是因为女人对于身体非常敏感，比如背后猜字游戏中，总是女人更容易辨别数字结果。

两个女人见面时，往往拥抱；男人见面时，往往刻意保持身体距离。长期缺乏一些身体亲密小动作，那么对于身体越来越不敏感。所以，学习女人日常喜欢来一些身体的亲昵小动作吧。

学习优点 4：放弃征服，全身心地享受

性爱是打仗吗？在有些男人看来是这样的。我能够让她满意吗？我一定要处于主导地位；我必须通过这一场活塞运动征服她，不是有一句话叫做“通过一个女人心的最好路径就是她的阴道。”一这一切，许多男人或许都深信不疑。

何不也学习女人那样被动一回：为什么每一次都要主动？为什么不把性爱发动的主动权交给她？为什么不放弃征服与必须高高在上的压力？

学习优点 5：重视性细节

上床后，她可能会用些小小的身体调整细节，及时用灯光弥补她可能产生的小肚腩；就像生活中女人重视细节一样，她们在床上也是细节动物。

学习女性那样在性爱上做些必要的禁忌吧。杨贵妃从来不让唐明皇看见自己沐浴，免得失去神秘感。所以，不要像《欲望都市》里梅兰达的男友一样，上卫生间时不关门；不要早上起来让她看见你不清新的口气；不要让他看见你晃着老二在她面前走来走去一来一些包装，或许更显神秘诱惑之美。

学习优点 6：不把性与爱分开

这是一个流行一夜情和性爱分裂的时代，男人正在信奉“零度感情，深度身体”的观念。

但是，美国性学家罗洛 · 梅曾经在自己的心理诊所里，接治过许多这样的性爱健将：他们在床上都是技巧高超的性爱超人，但是他们患有爱无能，越来越感觉性没有意思。“是的，我各种花样无所不用其极，但我越来越感觉性爱像白开水一样。”一位性爱健将向罗洛·梅抱怨说。

学习女人为爱的不顾一切吧。《金瓶梅》或者《水浒传》里的女性，尽管受到厌女作家们的敌视，但留下了另一个角度的版本：那些即使冒着危险偷情的女人，她们总是奋不顾身地投入，反倒是当男人得到性后，常常抽身而出。

学习优点 7：学习女性的后戏亲密

“完事后，他急如流星地去冲洗，仿佛我是泄欲的一个工具，现在，一切完事了，结束了。”这是网络上一位女性对她的性伙伴的抱怨。是的，你很累，性学家们说，男人就是这样，高潮是他们激情的分水岭，高潮过后，他们的激情结束了。让他们表现得再耐心一点，仿佛要了他们的命。

其实，可以学习女性那样一起喝点什么，一起聊一会，或者一起洗个澡，甚至只是紧紧不放手的一分钟的拥抱……

2 女人应该向男人学习的 7 个性优点

学习优点 1：向男人学习创新精神

男人喜欢看情色片助性，甚至要模仿其中高难度的体操式的动作；

他喜欢野合，越新奇越刺激越好。他甚至要把车开到某个荒郊野外，居然有心情和你来一场热辣辣的性。

男人似乎总是想着性，并且孜孜不倦地探索性，这使得他确实看起来好像没有脱离动物本质。但正因为男人在性中的创新精神，才保证了夫妻性生活充满活力。试想想，如果你们的性几十年不变，最好的爱情恐怕也经不起程序化的厌倦。

学习优点 2：向男人学习补，补，补

饭店里的大补宴，永远牵动着他最敏感的神经。

商家们推出了什么可以改善性生活的保健品，他比雷达还敏感。

他深信唯物论，相信最好的身体也要不断加油。所以，他是健身房里的常客。

女人重视修炼外表，男人重视修炼内在。所以当女人不断改善时装和肤质时，男人却对“第三者”等保健品更感兴趣。修炼外表和修炼身体的内在都没有错，但在一场马拉松性爱中，我们常常看到男人依然生机勃勃时，娇弱的女人早已不胜其烦。所以，男人和女人常常互相抱怨，男人指责女人对性不感兴趣，女人心里觉得委屈：她不是不感兴趣，是因为身体娇弱，常常经不起折腾。

性是感情的，也是物质的，像男人一样重视身体素质，这样一旦雨水之欢时，至少可以保证在体力上和他旗鼓相当。

学习优点 3：向男人学习爆发力

他正上着班，突然有感觉了，居然向你发短信，说“老婆，我来情况了”。全世界都在上班，你们像地下党一样，偷偷地回到家里翻云覆雨。

他正和你生气，突然转过身来，抱住你，用自己的胡须不容分说地扎你，然后不管不顾。你起初还在挣扎，但那种偶尔爆发的激情很快感染了你，让你目眩神迷身不由己地被他俘虏。

女人内心的激情上涌，容易制造千回百转的迷宫暗号，因为在女人看来，坦率表达自己的性激情，这不是女人味的体现。但往往女人的热情高涨时，不懂信号的男人却一头雾水，被女人责怪不懂风情。

相比起女人的表现，男人更容易倾听内在的呼声，这由男人的生理特点所决定。他如果没有内心的激情，仅凭感恩或者交公差，也很难伪饰。在这一点上，男人爆发的激情，有时看起来过于原始，但是一种生命的活力，更直接而明白。

学习优点 4：向男人学习观察

他大汗淋漓，像个卖力的孩子，他一边奋勇地表现，一边观察着你的反应，他适时地调整自己，像个领航员。

男人喜欢观察伴侣的感受，常常有利于双方的性爱更和谐。因为在男人看来，女人是不喜欢真实表达自己的感受的，所以最好的办法就是察言观色，通过这种察言观色来及时调整自己的言行。

男人之所以观察，还因为男人觉得，如果能给自己所爱的女人以快乐，那么自己心理上就能得到极大的满足和快乐。这来源于雄性天生的征服精神，也是男人骨子里觉得带给女人快乐是自己义不容辞的责任——即使有些自私的男人在实际行动中做不到这一点。

学习优点 5：向男人学习性能解决一切

你和他发生矛盾了，你气恨山河，泪雨滂沱，但是他嬉皮笑脸地凑上来，想把你朝床上引导。一番激情过后，你发现你想和他理论的冲动已经没有了，夫妻之间真的有那么严重的矛盾吗？或者说，夫妻间的矛盾真的谈得清楚吗？性，有时是不是夫妻矛盾最好的灭火剂？

男人确实深信性是最好的“灭火刘”，所以最好的解决办法是“床头打架床尾和”。这看似回避本质，可是夫妻矛盾时，不是常常“公说公有理，婆说婆有理”吗？一味地争执只能是谁也无法说服谁，矛盾更深。

男人从小体验过用性来减压，身体放松时，心灵就随之一起放松。因此女人学习男人把性当成一种快乐的解决问题的手段，有助于女人舒解情绪，顺利地跨过婚姻的暗礁。

学习优点 6：向男人学习做一个视觉情人

他喜欢开着灯做那种事情，在灯光下，看你的神情像看一个艺术品。有时你会开玩笑说他好像小时候没有上过生理课，现在对人体构造充满了好奇和兴趣。

他喜欢欣赏你，有时，他希望你扮成他的人体模特，远远地从灯光下走来。你希望黑暗中行事，有一种朦胧之美，他喜欢更原始更直接。

男人重视视觉，看似直接其实是一种男人的性意识没有被压抑的体现。文化多年是为男人设置的，所以男人的性来得直观而坦率。但一个女人注视男人的身体时，她常常羞怯，不好意思，躲躲闪闪，这反映着女人的性被压抑的现实。

而《海蒂性学报告》中的许多男人反映，当伴侣正视他们的身体时，他们也感觉到自己是被重视的，也被女人作为一个艺术品所看待，这同样让他们的心理得到极大的满足。所以，女人应该像男人一样享受性爱视觉快乐。

学习优点 7：向男人学习野性之美

他激情时，在你耳边说“心肝宝贝儿”。他有时甚至叫粗口，让你目瞪口呆，可是有一种原始的激情，充满一种本质的生命力，充满没有被打磨的野性和激情。

他喜欢讲那种乡野俚语，虽然让你脸红耳赤，但有一种挑逗的心动感。

比起男人的这些显得似乎低级的表现，女人的过于雅，有时也是让自己身陷窘境的原因之一。明明狂放，却需要努力地压抑自己。性有时是雅的，像琼瑶的电视剧那样，但更多时候，它是俗的，需要人回到原始状态里去。所以男人不坏，女人不爱。他坏的原因之一常常是因为他在床上表现得像个动物，太原始，也正因为原始才挑动了女人内心的激情。这句话是否也可以反过来这样说：女人不坏，男人不爱？如果一个女人在床上学习一些男人的狂放精神，是否更透露出一种即使像堕落，但对男人来说往往是致命蛊惑的毒药呢？

第8计
那些性模范夫妻总结

忙碌了一年后，每一年结束的时候，各行各业都在做盘点，你们是不是也要为自己一年的性爱做一下总结？

总结的目的是看看这一年做了多少性爱？你们积累了哪些经验？取得了哪些成绩？

一．年终模范夫妻性爱总结

忙碌了一年后，每一年结束的时候，各行各业都在做盘点，你们是不是也要为自己一年的性爱做一下总结？

总结的目的是看看这一年做了多少性爱？你们积累了哪些经验？取得了哪些成绩？

总结基本情况：

总结人：一对性爱模范夫妇

A 主妇，32 岁，教师

B 老公，36 岁，外企行政主管

总结格式：

风调雨顺的这一年，我们在春意盎然的心情感召下，积极响应弗洛伊德等老性爱学家们的号召，“多做爱”，“做好爱”，取得了一系列的成绩。具体成绩如下：

老婆：

1. 消耗了 N 个卡路里，去年穿 2 尺 3 寸的衣服，今年变成了 2 尺 1 寸。

2. 皮肤红润光泽，省下了去美容院的银子。

3. 心情变好了，由每天微笑一小时变成无论见了任何人都微笑。有一次，差点被人误以为花痴。

老公：

1. 啤酒肚变没了，身材恢复到了 28 岁之前。

2. 更年期延后，没有 35 岁男人常出现的焦虑、抑郁等症状。

3. 事业步步高升，由总经理助理的位置做到了副总经理。原因是每天嘿咻之后，心情舒畅。

家庭总成绩：

1. 和谐的性爱减少夫妻矛盾发生。有一次，我们吵得差点天翻地覆，可是因为一次激情的性爱，两人第二天又和好了。

2. 家里总是荡漾着恩爱气氛。丈夫学会了每天回家拥抱妻子，妻子学会了每天给丈夫捶捶肩等。

特别成绩：

一年的战绩下来，最让我们激动的消息是，家里即将再添一名新成员。这几天，老婆正变成馋嘴鸭，每天四处搜罗酸性食物。

总结一年，追忆过去，我们心潮澎湃，之所以取得了这么好的成绩，主要是在这一年里，我们做到了以下这些细节：

细节 1：慢性爱

以前，我们两个像狗啃骨头的野兽一般，每次见到对方，恨不得把对方吞掉。但是很快发现，这样不但于事无补，而且让两个人不胜其累。比如，每次丈夫急如流星般的只要快速直奔目的，不要爱抚。老婆因此总是抱怨老公把其当成泄欲的机器。

在两个人的良好沟通下，现在两个人都学会了慢性爱。老婆喜欢精心地布置一下环境，老公学会了足够的前戏和认真地爱抚老婆。虽然没有了以前风暴一般的激情，但两个人的温言细语就是最好的催情剂。我们会回忆以前恩爱的细节，会一起说些甜言蜜语，直到心中的爱意慢慢升腾情不自禁时，我们才开始一场云雨之欢。

慢性爱重点：重质不重量。重视过程体验。

细节 2：捏一捏他的耳朵，或者抚弄她的头发

以前，我们特别容易忽视这些细节。总觉得性感部位不在这里。但有一次，丈夫对妻子说：当她若无其事地捏一捏他的耳朵时，他感到一种特别的暖流和快感。好像小时候，淘气时被母亲教训的举动。虽然责怪，但是宠爱。

而妻子也说：当两个人坐在沙发里，她靠在丈夫的怀里，丈夫抚摸她的头发时，她也感到温暖和体贴。千万不要忽视这些小细节，它们是增进两个

人亲密关系的举动。

细节关键词：彼此回到小时候。温暖，安静。全身心地放松。

细节3：一起诵读情色小说

那是一次奇妙的体验。丈夫不知从哪里拿来了一本情色小说。那本情色小说写得露骨而又刺激。当然，更是幽默。两人一起坐在沙发上，丈夫高声诵读给老婆听，一边读一边笑。那些露骨的句子被高声诵读出来后，好像在两个人的体内产生了一种奇妙的化学反应。丈夫一边读一边坏坏地看着老婆，老婆一边听一边娇嗔地说老公“下流，不要脸”。当然，两千字没有读完，丈夫就真的“坏”了。

细节关键词：男人不坏，女人不爱。女人不娇，男人不爱。挑逗，诱惑。

细节4：去体验《失乐园》的偷情情景

夫妻之间如果总是在同一张床上做爱，迟早有一天两个人也会厌倦的。这和是否恩爱没有关系，而是人总是渴望更多的刺激和新鲜感。

所以今年我们加大了“走出卧室”行动。我们去北京的郊外野营，去北戴河的海边。这些投入也花不了多少钱，但丈夫和老婆的共同体验是：每一次置身于一个陌生的环境里，彼此好像更需要对方。摆脱了孩子和熟悉人事的缠绕，在另一个陌生的环境里，两个人也更放松。

我们积极地呼吁所有的情侣，其实花费不用多少，只要你们用心走出去，就能够改善你们的性爱。

细节关键词：新鲜感，放松

细节5：若有若无地透露一些过去的性史

男人和女人都是妒忌的动物。日子过久了，他觉得她属于他，她觉得他属于她，所以一切心安理得，看看动物园的狮子，如果马放南山，长久没有危机感，岂不是日久变得懒惰而疲倦？性爱也是这样，如果觉得对方属于自己已经固若金汤了，他（她）还能兴奋吗？

那同样是一些美妙的体验。有一次，不知怎么聊到了以前的情史，丈夫非要追问妻子以前的性爱细节。妻子半遮还掩，欲说还休，既不说但又暗示确实有。结果妻子明显地感觉到丈夫好久没有的强烈的妒忌心来了。那天他一边奋勇卖力一边看着妻子追问比起前任，他的表现怎么样？妻子当然趁机夸奖他好多了。

男人是需要被刺激和竞争的动物，安逸让人懒惰。适度的暴料会刺激他的妒忌心，成为很好的催情剂。

细节关键词：捧拨，挑逗，妒忌。让他重新具有追逐和竞争意识。

细节6：出其不意的偷袭

为什么每次的性爱发生必须那么顺理成章？

为什么每次必须配合生物钟，学着阴阳大法来做爱？这些是科学家和道士们的事情，至于普通夫妻，还是不拘常规一些比较好。

比如，半夜在他（她）熟睡时。

丈夫就有过这么一次美妙的体验。那天他睡得昏昏沉沉的，半夜里突然被一阵莫名的快感惊醒了。好像一个女鬼半夜降临，又有点像《聊斋》里深山野庙里的书生，半夜醒来，突然发现被一个狐狸精纠缠，其实，这样的图景岂不是任何一个男人都渴望的？

突然惊醒，脑子里完全一片空白，宛若初生的婴儿。于是，才更加忘我地投入。世俗生活中，每天脑子里装满了太多的事务，只有此时，人才像动物一般。

细节关键词：偷袭也要注意对方是否睡足。如果太累，很可能让对方强打精神。一般来说，偷袭的时候选择在天刚亮，确定对方基本睡足时。

细节7：职业化我们的性

有一段时间，我们互相抱怨。妻子说丈夫的小肚腩开始长起来了，他不爱锻炼，他经常胡子拉碴地去上班。皮鞋蒙上厚厚的灰尘时，他顶多随时卷起窗帘布擦一下。他变得如此邋遢让人不可接近。

当然，丈夫也抱怨妻子越来越像个朋友、家庭“煮”妇、佣人，唯独不像个情人了。他说妻子没有以前的可爱和新鲜感，说妻子早上起来忙着蓬头垢面去给他做早餐，说妻子越来越不爱打扮自己，说她变得比六年前越来越没有性感可言。

后来，我们彼此调整自己，着力于打造自己的性感。丈夫去健身房挥汗如雨，妻子经常去美容院做美容。用丈夫的话说是：日久天长，两个人不断地从对方身上读到更多的吸引力。

关键词：性感是一种长期积累，需要常新并且着力营造。

细节 8：在彼此最脆弱的时候安慰对方

有时，也许是生意上的欺骗，也许是借钱不还，也许是突然的落井下石，总之，曾经铁血盟誓的哥们关系，突然遭遇危机。丈夫的好友背叛了他，仿佛在后面给他放了一支冷枪，打得他措手不及。

聪明的妻子这时候不应该趁机说风凉话，报以前他厚哥们轻老婆的前嫌之仇。聪明女人知道自己应该安慰他，鼓励他。当全世界抛弃他的时候，还有她在他身后。那次难以忘怀的体验是：他躺在她的怀里，像受伤的婴儿一般。而她的怀抱，是他的避风港。她的身体是他最好的疗伤。

关键词：抓住彼此最脆弱的时候。捕捉彼此最需要对方的时刻。

细节 9：用色彩装点性趣

性爱也是有色彩的，通过一份报告了解到，国人家庭装修 89% 以上都选用白色涂料粉刷墙壁，从人体工程学的角度来看，破解人类基因密码后发现，人类对白色的感观认知和心理认知相比较，有着很大的差异。白色给人以干净、明亮的感觉，同时，也是抑郁症和内心恐惧的引发色，所以对于卧室来说要制造两性关系的最佳色系应该是暖色的，洋红、桃红、浅橙色或带有珠光的暖灰色系列都可以起到“催化剂”的作用。

所以这一年，我们在性爱色彩上认真地下了一些工夫，我们将卧室布置得用一位朋友的话说是：一进了屋，就有一种想上床的冲动。

关键词：精心暖居。用色彩来催情。

小结：

以上就是一对性爱模范夫妻的年终性爱总结，他们充分地运用了以上这些细节，让自己的性爱充满柔情蜜意，这些经验对你有所启迪吗？

二．亲爱的，今夜我不想做

经常会有那些夜晚，你或是疲倦至极，或是心情郁闷，丝毫不想和丈夫共渡爱河。而他那晚偏偏“性”趣正浓，他不断地向你发出上床的信号，他表现得情意绵绵，温柔体贴，此时，你是勉强奉承还是委婉拒绝？

1 我需要拒绝他吗？

这样的困惑在许多女人那里都会有，马玲便是这样忧心忡忡地在一个静谧的茶馆，向我倾诉了她的烦恼。

他们结婚五年了。马玲是一家公司的文员，丈夫在一家房地产公司担任销售主管，他们过着典型的白领生活：出入有小车，住在北京郊区一幢超过 150 平方米的别墅里，因为喜欢“丁克”家庭的生活享受，所以两人坚持不生养小孩。

在常人眼里，他们是幸福而甜蜜的，丈夫对马玲温柔呵护，他自己有时也会拍着胸脯骄傲地对妻子说：“你去打听打听，像我这样的不花心又疼老婆的男人可不多了。”

但是，马玲有马玲的苦恼。

是从什么时候开始的，她已记不清了。她记得有一次周末，她和丈夫出去爬山，玩得既开心又疲倦。做妻子的精力比不上丈夫，回来后，她冲洗一番，躺在床上累得只想早点进入梦乡。然而丈夫披着浴巾走进卧室时，看见妻子娇美的裸露的身体在温柔的台灯下曲线分明，不禁又有些心荡神摇。他轻轻地走过去，一边抚摸着妻子，一边开始气喘如牛。马玲正要入睡，被丈夫弄醒后，她翻了个身，梦呓般地娇嗔道：“讨厌，我困了，想睡觉。”

她慵懒的神情更加刺激得丈夫欲罢不能，他不但没有停止自己的动作，情绪反倒越发地高涨起来。马玲看见躲不掉，只好哀求道："求求你，你让我歇会儿好不好？"

但是，丈夫已经是箭在弦上，不得不发了。他强制性地翻过妻子的身体压上去，马玲先是挣扎着，后来丈夫伏在她耳边说："老婆，求求你好不好，我实在忍不住了。"

那一刻，马玲的内心开始动摇。她说她实在找不出理由拒绝丈夫了，这似乎是她做妻子的义务。如果她今夜不能满足丈夫，做妻子的便会有压力。尽管——她说那时是多么的不想做，她甚至希望哪怕丈夫去找"小姐"，找别的女人去代替，只为了自己能够解放出来。

但是，那天，她闭上了眼睛，履行了一个所谓的妻子的义务。她苦笑着说，那仅仅只是义务，至于要用性去达到欢乐的真正目的，她一点没有感觉到。那样的性爱，如果再多做几遍，只会让她丧失掉对性的美好感觉，甚至越来越厌恶。

后来，这样的事情越来越多，丈夫对于性，就像一个贪玩的孩子，永远迷恋不够。他喜欢一遍又一遍地探索她的身体。他相信妻子也和他一样，热衷于性，并且积极回应他。不然，为什么只要每次他想做，便一定能做到，而且做完后，当他问妻子是否快乐时，妻子总是点头说快乐。

只有马玲知道，真实的原因是她爱丈夫，不想拂他的兴致。她愿意满足他，有时哪怕委屈自己。她知道丈夫喜欢看到妻子因为自己的"英勇善战"而感到快乐，所以，有时哪怕她其实是不快乐的，她仍然愿意撒一些善良的谎言：我很快乐。

然而，她自己的感觉呢？她抱怨说，因为许多时候违心地去做爱，她甚至开始反感性了。她越来越不喜欢过性生活，这造成的后果是她应付任务式的次数越来越多，有时，她甚至怀疑自己是不是有性冷淡了？

或者，是不是自己和丈夫的感情出问题了？因为许多人不是说过，性的和谐与否是夫妻关系好坏的晴雨表吗？

② 为什么拒绝那么艰难？

夫妻之间的性生活是千姿百态的，有时会激情高涨，让你回味无穷；有时会平淡无味，像千百次的性生活中一朵波澜不惊的浪花……总之，无论多么恩爱的夫妻，性生活不可能总是处于快乐和谐的巅峰状态。

恰恰相反，倒是经常会出现这样的情况：做妻子的因为种种原因不想做爱，做丈夫的却性趣高涨。这时候，女人如果拒绝丈夫的性要求，常感觉既内疚又扫丈夫的兴致，如果不拒绝，偏偏性是最不易伪饰的事情，不想做，你纵是多么高明的性技巧大师，也调动不了激情，最终也只会索然无味。

严重的甚至有可能让自己连正常的性生活都越来越厌恶了。

我们从女人们的抱怨声中可以看出，关于性，总会有些不和谐的时候，比如，有些夜晚，你确实不想做了，不是因为爱不爱，只是因为单纯的身体不适、心情不好等原因，毕竟，人不是上了发条的性机器，只要发个指令，可以随时进入性状态。

可能让你感到为难的是，如果这时候不想做，是拒绝丈夫的性要求，还是勉强奉承呢?

许多女人感到拒绝的艰难，这会有许多原因：

A. 在我们这个时代，一旦男人和女人上了床，是需要面对压力的。几十年前的压力对于男人来说是“她能否令我满意”，对于女人来说是“我能否令他满意”，在男权思想严重的社会背景下，性是以男人为中心的。而在几十年后，当代的夫妻上床时，他们面对的隐隐约约的压力可能是：男人会想，“我的表现能够令她满意吗？够持久，够大小吗？”女人会想，“我是不能表现得性冷淡的，社会正在教导女人必须懂性，擅长性，有性高潮等。”

这和中国在暗中进行的“性革命”有着深刻的关系。一方面，随着女性主义的普及和性变革的观念深入人心，女人们越来越知道自己需要享受性权、性欢乐等，另一方面，这种性观念又让女人感到许多压力，即一个女人不善解“性”意，不积极地过性生活，是落伍陈旧的标志。

所以，女人即使不想过性生活时，也会因为担心自己不够“性魅力”、“性新潮”而不敢说“不”。

B. 会影响夫妻关系，比较通俗的解释是：如果我不满足他，他会不会去找别的女人?

C. 对于所谓的义务的坚守。许多女人会觉得，丈夫想要时，妻子如果不满足他，便没有尽到做妻子的义务。

D. 因为最简单的爱。正如一位女人所说，因为我爱他，我心甘情愿地委屈自己的感受，这句话也可以说成：如果我爱他，我能够拒绝他吗？

……

但是勉强奉承呢？绝大多数的女人都会感到，这伤害了她们内在的生命自尊。她们感到自己的某种意志被剥夺、被压抑，而它造成的最严重后果是：女人们有可能对性逐渐产生厌恶、反感的心理，影响她们感受欢乐的、健康的、正常的性生活的能力。

潜在的危害还有：男人们对自己性魅力的肯定容不得伪饰。一个男人如果一朝知道妻子有时曲意奉承而装出性欢乐和性高潮时，可以想象对他们的心理打击有多么严重。

性是最容不得伪饰，最需要自由地坦诚地去表达的。性的本质之一便是自然、毫无顾忌地开放和接纳，在这个过程中，任何心藏不轨，都会最终伤害真正的性欢乐。

3 告诉他“亲爱的，今夜我不想做”

所以，如果你在某一天，或因为心情或因为身体不适时，你完全应该告诉丈夫，“亲爱的，今夜我不想做。”

比如，陪着他听一段音乐，讲一讲昨日的往事，在舒缓的情绪中慢慢地让他从高涨的“性趣”中平静下来。

比如，可以暗示他，你并不反对他婚后自慰，作为夫妻性生活的适当补充。事实上，许多专家都会告诉你，适当地婚后自慰，是缓解夫妻之间性紧张，偶尔出现的性不和谐的重要方式，它是科学的、实用的，你完全不必为此背上心理负担。

比如，直接告诉丈夫，但一定以不伤害他的语气但却恰当地表明自己的意思为前提。绝大部分的男人并非纯粹的性动物，更何况你们有着深厚的夫妻感情。相信你的丈夫会明白你的难处，并且明白这仅仅只是正常范围内的小问题，和爱不爱完全没有关系。

但是要切忌用这样的语气：

“你这个老流氓，怎么天天就想着这种事情啊！”

“滚开，烦死你了。”

……

夫妻之间重要的是坦承、相互沟通和理解。事实上，当你坦诚地恰如其分地拒绝丈夫的“性”意时，表明你们的夫妻关系已经上升到一个新的高度，它并非是需要伪饰的，如果为了爱去伪饰，可能恰恰便是爱出了问题。

当然，如果在很长时间里，你都不想和丈夫过性生活了，或者看见他的身体总是激不起任何欲望，甚至产生厌恶的心理，这时候，恐怕就要反思你们的夫妻生活是否出麻烦了：

是不是工作的压力太大，生活有诸多不顺，你们快成了“无性婚姻”？

是不是你确实认为性是不好的事情，你需要调整自己对性的态度？

是不是你们的感情出现了裂痕，性的不和谐真的反映出了这种裂痕？

是不是总是重复着单调的模式，“好酒喝上千遍，也要成白开水了”？

……

如果是这样，就不仅是只说“亲爱的，今夜我不想做”的问题了。赶快行动，找出问题的症结，改善你们的夫妻生活吧！

三．改造“性爱过劳模”

生活中的劳模固然让人崇敬，可是到了床上，他像劳模一样敬业，这大概就有些让人难受了。

这段时间，他突然变成了“性爱过劳模”，每天都要索取，工作好像都无心了，眼看着都要影响身体了，你不免焦虑，他到底是怎么了？

先来看一看性爱过劳模们的表现吧。

1 性爱过劳模之众生态

琳达就是带着这样的困惑来到我的办公室的。她说最近她遇上了一件烦心事，当别的夫妻都在讨论无性婚姻该怎么办时，她的丈夫好像变成了“性爱过劳模”，简直恨不得夜夜欢歌，让她有些不知所措。

她的老公最近高度亢奋，经常一次过后突然变成了青春期的孩子，继续激情澎湃。他说：“亲爱的，我还想要”。可是在琳达看来，已经是他的第三次了，难道，他准备把自己变成永动机不可吗？“要知道，他已经是三十有五的人了”，琳达不知是喜是忧地说。

这本来是一件让她彰显魅力的事情，可是琳达最近工作太累，只想好好地睡上一觉。眼看着丈夫在黑夜里兴致索然，神情落寞，她又有些于心不忍，不知是该继续伪装还是索性拒绝到底？

阿悦的困惑则来自于最近老公好像变成了性爱马拉松选手。当性学家都在讨论一次性爱应该多长时间时，在阿悦看来，老公正直奔吉尼斯世界界录而去。

他变成了长跑马拉松，经常过了很久好像还不觉得累，阿悦怀疑他吃了一种传说中的灵丹妙药，或者，干脆就天天服用万艾可。不然，为什么一夜下来，他变成了传说中的西门庆？要看着秒表和时钟，非要一举打破吉尼斯世界纪录不可？

但是，看着老公那种为达目的而忽略过程之美，性爱变成一种苦役而不是享受的表情，阿悦同样觉得苦不堪言。

“真的是时间决定一切吗？显然我的体会并不是这样。我甚至需要伪装，好早点结束这一切，但可怜的天，他根本没有结束的打算。”阿悦不停地抱怨说。

而 32 岁的主妇梅朵的国庆周，在她看来变成了“性爱周”。因为这周，丈夫好像突然欲望高涨。经常早早回家，做好了饭菜等她回来。可是千万别以为老公突然变成了家庭主男，那些爱妻汤只不过是性爱诱饵，他好像变成了色情狂，几乎每天晚上都要表达自己的亲密欲望。

梅朵不知这是不是他们爱情的第二次回春？但是她可以肯定，她并没有这样的热望，并且，她惦记着第二天的工作，惦记着孩子，惦记着商店里的货款，他这种兴致勃勃的能力让梅朵觉得不可思议。

至于晓雪，她则恨不得揪起老公去看性心理医生了。在她看来，丈夫不是“性过劳模”，而是性成瘾了。她最近发现老公天天上带色的网站，有时她半夜起床，居然发现他在浏览网上的色情照片，更要命的是，听说他在办公室里也色难自禁，差点被办公室的网管发现，闹出办公室的重大绯闻事故。

还有些时候，老公天天缠着晓雪要观赏情色片，一会儿要学《色戒》里的高难度动作，一会儿要变成神勇十七郎，晓雪简直觉得不可理喻，他怎么突然成了一个色情狂？

2 你有性爱过劳症吗？

多少算够，这似乎是一个没有办法一概而论的问题。著名的性学家金西曾经做过一个调查，他发现有的人一年只有两三次性行为，而有的人在一年中，居然每周都可以保持长达十次以上的性频率。

所以，性爱过劳，显然不是以次数多少来论，在专家们看来，如果出现了以下一些症状，你和他大概患上了性爱过劳症：

1. 精神倦怠，工作和学习精力不集中，昏昏欲睡；
2. 全身无力，感觉“三十岁的人，六十岁的心脏”；
3. 懒得动，变成了典型的宅男宅女，一天只想在沙发上趴着；
4. 头重脚轻，走路轻飘飘；
5. 面色苍白，因为过度熬夜、缺乏睡眠的结果；
6. 神态憔悴，因为经历过几场大战后，太累了；
7. 爱出虚汗，以为自己得病了；
8. 失眠多梦，不易入睡；
9. 食欲减退，并有轻度恶心感。
10. 昨夜一场欢爱，今天头发开始掉落；
11. 没有满足感，倒出现了抑郁和空虚的症状；
12. 最近无来由地消瘦，体重减轻；
13. 每六分钟想一次性，很容易对一切有关性的刺激形成条件反射；
14. 工作有压力，回家就想着通过性减压；
15. 爱上情色网站或者爱看情色片等。

测试结果分析：

1-5 项：轻度性爱过劳模。你已经具备性爱过劳症状，但还没有病入膏肓，从现在开始就应该注意多出去运动，减缓对性的注意力。

6-10 项：中度性爱过劳模。你的性爱过劳需要引起你的警惕了，照这样

发展下去，你会慢慢地性成瘾，或者被性爱流毒感染。

11-15 项：重度性爱过劳模。对不起，你需要赶紧悬崖勒马，照这样下去，你会性猝死，英勇献身在床上。为了不这样壮烈牺牲，你现在就要减少性次数，建议你可以出外旅行，或者多做一些有益的运动来舒缓对性的需求。

3 性爱过劳模之改造方案

工作中的劳模当然让人敬佩，但是过劳，则会影响到健康。何况近些年来，国际心理学界越来越认为，过度工作狂，其实是一种心理疾病的反应，比如偏执、焦虑、缺乏安全感等的表现。而猝死，常常是工作狂的结局。

同理，适当的性爱有利于健康，但任何事情有个度，过度的性爱，只能让性爱丧失它的本来目的，变成一种不堪承受之重，因此影响你的健康和正常生活。

他为什么变成了床上工作狂，这让你匪夷所思。他可能是因为：

他最近很焦虑

如果他最近突然加强了性次数，并且迷恋一夜几次，很可能是因为他最近很焦虑，比如工作压力过大，对于前途很迷茫等。性对于男人来说，通常成为减压的途径。他希望通过更多的性爱，来减缓焦虑。

给你的建议

你可以和他谈谈心，疏解他工作中的焦虑等。男人喜欢将工作的烦闷压抑在心里，通过无声的性来缓解。长期下去，他容易形成一种条件反射，即有压力了就疯狂需要性。要知道，只有你的关爱，才能真正解决他的内心焦虑。

适当地别那么“望夫成龙”吧，男人也需要放轻松。当他累了的时候，陪他出外度度假。

他确实来“例假”了

男人也有“例假”，这已经是科学界的发明。对于有的男人来说，性爱例假的表现是某段时间对性爱一点兴趣也没有，但某段时间却是性爱欲求高峰。在这段时间里，他的荷尔蒙活跃度空前激烈。

给你的建议

没有关系，正如性爱低潮他能静静地度过，性爱高峰过后，他一样会重归正常平淡的生活。你要做的就是静静地等待其度过。切忌因为不接受，骂他流氓、天天脑子里不想正事等，这样，他可能会因为沮丧，走上外遇之路。

另外，性爱为什么就一定要真刀实枪呢？两个人昵喃地说说情话，做一些性游戏等，都是缓解他的欲求，增进亲密感情，但却不一定伤身体的亲密方式。

他最近对婚姻有新发现

相信吧，他最近可能是对你们的关系有了新发现。也许是你的一些婚姻细节打动了他，也许是他曾经悄然的婚姻出轨遭遇挫折后，突然对你产生更多的依恋和发现。总之，他现在变得更加珍惜和你的感情。

过多的性是他表达百感交集的感情回归的一种反映。碍于男性自尊，他无法向你真诚地坦白，那么，用身体来回报和赎罪，是他觉得最好的方式。

给你的建议

这时候，聪明的妻子不妨装作对这一切不知，就好好地享受他的温爱和体贴。千万不要像有些女人所诅咒的那样：是不是在外面做了坏事，良心发现了？

虽然是一句玩笑话，但可能依然打击他的热情。有些时候，装作不知是一种大度和智慧。除非你已经对这段婚姻不抱奢望，就准备分手了。

他有性欲亢进症

就像奥斯卡影星卡洛斯那样，有些人因此患上了性成瘾。一天无性不欢。所以，他每六分钟就想一次性，生活中除了追逐性已经没有任何意义可言。

给你的建议

去找心理医生咨询吧，当身体有病了，我们会习惯性地去找医生，性有病了，同样应该找医生求治。千万不要动不动把性问题上升到道德高度，比如他就是人格有问题等。他可能只是内分泌紊乱，或者最近身心发生变异。关爱他，给他以支持。

他接触了许多不良色情品

这是一个性的时代。

各种各样的“性”息无处不在，所以男人们难以逃脱。科学家们做过一组试验，那些较少接触色情品和经常接触色情品的人，他们想性的概率和免疫力完全不一样。所谓诱惑就是魔鬼，用《圣经》的话说，一旦性魔鬼诱惑，肉身凡胎的人很难经受得住其影响。

给你的建议

当一个男人成天沉溺于性时，说明他要么内心空虚，无事可做，要么处于某种心灵危机中。心理学家发现，中年危机中的男人，特别容易性沉溺。就像《美国丽人》中的主人公一样，他找不到人生的意义，方便易得的性快感很容易成为替代品。他不想奋斗了，因此对性有一种痴狂的偏爱。

所以，与其坚壁清野所有的不良情色品，像监督儿童一样监督他，不如先从缓解他的中年危机开始。

黄金周性爱功课突击

也许你们平时就经常性致盎然的，可是常常想着第二天要上班，所以只好苦行僧式的忍耐一下吧。好不容易迎来一个长假，当然要尽情地好好享受一下二人世界的甜蜜。

所以黄金周那几天，你们夜夜欢歌，除了吃饭和偶尔出外逛街外，简直没有离开过那张双人床。就像《感官世界》一样，你们恨不得天天腻在床上，把以前没有时间补上的性功课，利用黄金周全部补上。

给你的建议

对于有些夫妻来说，黄金周往往变成了性爱贪欢周。因为不用上班了，暂时将忙碌的工作放置一边，加上悠闲思淫欲，所以不加昼夜地过性生活。殊不知，就像许多人有长假综合征一样，平时规律的生活作息一旦被打乱，人体生物钟便随之紊乱，这时候特别容易出现房劳。

改变这种状况的最好办法是可以将黄金周变成一种夫妻融洽感情的黄金周，两个人可以一起出外旅游，一起出外散心等，而不必非要一味地赖在床上，通过性来融洽感情。

四．五类性爱工程师床上指南

如果把一场完美的性爱运动比喻成搭建一项工程的话，那么工程师的技术含量如何，就显得相当重要了。

合格的工程师，上知天文，下知地理，同时又精通算术等。而合格的性爱工程师同样在性爱运动中左右逢源，依靠渊博的性爱知识，总能让一场性爱变成绩优工程，而非不合格的次产品。

1 测试：你是合格的性爱工程师吗？

1. 你懂得性爱风水学，会勘查性爱地形吗？

A. 是的，我知道怎样布置卧室燃情　1分

B. 不是，我觉得这并不重要　0分

2. 你像物理学家一样很容易判断他的荷尔蒙变化吗？

A. 是的，我有神奇溶剂可以让他快速发生化学变化　1分

B. 不是，我几乎每次都等待他主动　0分

3. 你像数学家一样知道精确性爱时间吗？

A. 是的，知道什么时候有了快感就喊，很懂得性爱节奏　1分

B. 不是，我完全随性而来　0分

4. 你知道每个人充满性爱能量吗？

A. 是的，我知道性爱也是一种物理能量　1分

B. 不知道　0分

5. 你善于观察他的心情来做爱吗？

A. 是的，我会察言观色　1分

B. 不是，想做就做　0分

6. 当他突然发生意外情况时，你：

A. 可以不慌不乱，用专业性爱技术帮他渡过难关　1分

B. 很沮丧，甚至抱怨他太不中用了　0分

7. 你业余喜欢钻研性知识吗？

A. 喜欢，勤看各种专业性书籍，包括各类生活杂志　1分

B. 不喜欢，觉得这种事情还用钻研？　0分

8. 你热爱性，并且把它当成兴趣吗？

A. 热爱，兴趣是通往专业的第一阶梯　1分

B. 不热爱，觉得可有可无　0分

9. 你自己就是一剂床上的性爱镇静剂吗？

A. 是，他在我面前总能更加从容不迫　1 分

B. 不是，他在我面前总是神思慌乱　0 分

10. 当性爱险情发生时，你有良好的判断能力吗？

A. 有，我觉得我会判断问题出在哪里　1 分

B. 没有，我觉得责任全在他　0 分

11. 你有什么性爱硬件装备吗？

A. 有，比如情趣工具等　1 分

B. 没有，我赤条条上床，了无牵挂　0 分

12. 你有性爱险情预警系统吗？

A. 有，我总能预测到性爱险情的发生，比如他的情绪变化　1 分

B. 没有，性爱哪里还有什么险情预警系统？　0 分

13. 你了解你的“性爱客户”的性爱习惯吗？

A. 很了解吧，比如他很敏感，有些话不能在床上随便说　1 分

B. 不太了解，自己喜欢什么样的才最重要　0 分

14. 你具备热情、大方、和蔼的性爱态度吗？

A. 是的，我持证上岗，即使夫妻之间，也一样相信需要时刻为对方着想　1 分

B. 没有，他得为我服务　0 分

测试结果分析：

0 分，性爱菜鸟

不好意思，你基本不够资格做一个性爱工程师，你简直是初入性爱赛场的新人，你需要恶补性爱知识，需要用心开发自己的性商。你没有性爱工程师的软硬件知识，你的性爱道路漫长而艰辛。

1-6 分，性爱实习生

看起来，你具备一些性爱工程基础知识了，但是离工程师还很遥远。你需要向前辈们好好学习，苦练自己的专业、心理素质等，争取在 2012 年考一张性爱工程师上岗证吧。

7-14 分，性爱工程师

恭喜你，你基本具备一些性爱工程师的从业资格了，并且得分越高，你的性爱工程师的专业知识积累、素质等越高，你的从业级别也越让人刮目相看。因此，你是一个受人欢迎的性爱工程师，你的伴侣将为你良好的性爱态度和知识而喜笑颜开。

2 你是哪一类性爱工程师?

化学工程师

出镜人物：艾米，女，26 岁

在老公看来，艾米在床上简直就是神奇的化学家。一会儿拿出一条情趣内裤，一会儿铺上寿司成了人体盛。事情不在大小，关键百变常新，总能让他有惊喜感。老公觉得她简直是个性爱魔术师，冷不丁在卧室里摇晃两下，组合出的性爱风景就不一样。

前段时间，艾米还扮成阿拉伯的女巫，在老公面前来了一场五颜六色的时装秀。因为她觉得色彩可以刺激挑逗男人的性神经，就像高明的化学家懂得在试管里变幻出五颜六色的化学试剂一样。

给化学工程师的建议

1. 善于变化：性爱化学工程师最大的特点是善于变化。她懂得夫妻之间长时间的性爱容易产生疲劳感，只有增加情趣才能让两个人的激情保鲜。

2. 不为作秀而作秀：就像张国荣入戏太深，最终选择高楼自杀一样。化学工程师太强调变化，容易为变化而表演，久而久之，已经找不到真实的性爱的快乐了。因为完全聚中意念于翻弄性爱花样，反倒放弃了真实的身体快乐。

物理工程师

出镜人物：西西，女，27 岁

西西绝对是个高明的性爱物理工程师。因为在老公看来，她身上像有探照仪器一样，总能立刻读懂他的性爱暗号。比如老公从浴室里出来，围着一条浴巾焦灼地在西西身边走来走去；或者他在浴室里声声叫唤：“老婆，快过来帮我擦擦后背”时，这时候，西西的身上就像装有物理磁铁一样，立刻能探知老公的性爱暗号。

“西西身上具有一种物理能量，有时候她特别敏感，像雷达一样。我总是不由得被她吸引而去。”西西的老公说。

给物理工程师的建议

1. 懂得能量场：物理学喜欢说一个名词叫做“能量场”。所以，打造自己的性气场非常重要。比如适时的穿戴、性感的挑逗等，都是让自己充满性能量的方式。只有这样，才能激发他的物理荷尔蒙发生变化。

2. 升级自己的火星探测仪器：如果把男人比喻成火星，那么高明的物理学家总能上天揽月，下地探险。甚至一切来自外星球或者万里之遥的性息，你都能及时捕捉。这会让你很有异性缘，因为你总是能够默契地照顾男人的需求。

地质工程师

出镜人物：杨沫，女，30 岁

家庭主妇杨沫是个绝佳的地质工程师。她就像一个敏感的地质勘查员一样，总能将性爱地点布置得非常有情调。老公是个有点童心情结的男人，她会在床头边不经意地放上几个卡通娃娃；老公热情似火时，她会在床边放几片碎花；有一次她和老公开着车子去郊外，在一片森林里，月光美好，杨沫立刻因地制宜，将车子改装成了性爱风水宝地，和老公有了一次疯狂的激情。

性爱地质工程师特别敏感哪个情境适合性爱，比如在厨房里，老公从身后抱过来，那么不妨就利用厨房吧；总之，在杨沫看来，到处都是挖掘性爱矿藏的地方。

给地质工程师的建议

1. 在卧室里放一些味道：在卧室的西南方燃烧香草，让空气中弥漫甜味，可以让性爱双方迅速燃烧起来。摆放带甜味的花草如茉莉花、风信子或者夜来香之类，也可以收到类似效果。

虽然现代高层楼房蚊子基本灭绝，但古典情调的屏风幔帐仍然能给性爱带来难以言喻的绮丽迷幻色彩。从环境心理学来说，相对闭合的空间使人产生安全感，从而更易放任性爱升起来。当然，屏风帐幔的选择安置很重要，原则上既不能阻碍采光通风，又要有较为圆润柔软的外观质地。

2. 懂一些性爱风水学吧。无论房型如何，床头始终以南北向为宜。因为人体的血液循环中，主动脉和大静脉最为重要，其走向和人体的头脚方向一样。人体处于南北睡向的时候，主动脉、大静脉和地球磁力线方向一致，此时人的精力最为旺盛，血脉流动壮健平稳，性爱后体力不容易衰竭。与睡眠床位相映成趣的是，古老名著《洞玄子》对性爱时的头部朝向做了进一步要求，认为“交接所向，时日吉利，益损顺时”，具体说来，“春首向东、夏首向南、秋首向西、冬首向北”，就可以采纳自然之气，收壮阳之效。

数学工程师

出镜人物：琳达，女，28 岁

琳达实在是个精明的性爱数学工程师。当然，这可不是指她会在床头边放上怀表，精确地计算高潮等性爱时间。而是她的心里仿佛装有一个性爱计算器：何时两个人该需要前戏刺激了？何时老公该冲刺了，需要一些呻吟让他冲上顶峰了？这些性爱时间，琳达都配合得极准。老公甚至觉得她简直是个偷心人，那么懂得他何时需要什么？

“其实，不是我懂得，而是我比较留心罢了。在他冲刺 50 下左右的时候，他往往就快要达到高潮了。”琳达甚至能准确地这样计算说。

给数学工程师的建议

1. 善于性爱时间平衡：有男人抱怨，他都快跑成刘翔了，可是老婆的快感仿佛还像跑马拉松的选手一样在天涯海角。男女同步达到高潮，才是最和谐的性爱时间交集。如果不能达到，那么赶紧互相调整自己的高潮时间，同步配合吧。

2. 了解男人的性爱数字：男人对性爱数字极其敏感，因此数学工程师会了解一些男人性爱数字，比如他的尺寸大小，他会觉得每周多长时间性爱一次？通过对这些性爱数字知识的了解，恰到好处地懂得给男人解压释压。因为他有时会为自己达不到标准而焦虑。

气象工程师

出镜人物：阿加，女，26 岁

性爱有气象条件吗？

当然，比如你今天的心情适合做爱，明天心情可能就不适合做爱了。

在阿加看来，男人也有不应期，不应期时就不应该强迫男人做爱。老公最近情绪低落，或者工作压力大，情绪晴转阴天，坐在家里长吁短叹，这样的气象条件当然不是做爱的好时候了。

所以，阿加会和老公来一些亲密按摩，主动去关心他的压力等，因为她查过书，男人的性爱气象也呈一条曲线，有时他欲望高涨，有时他一点欲望也没有。“为什么要在他没有欲望的时候，去强迫他呢？”

当然，老公往往早晨性爱气象比较好。因为早晨睡过后，他神清气爽，心情愉快。所以，碰上这样的性爱晴天，她会和老公来一顿性爱早餐。

给气象工程师的建议

1. 顺应天气做爱做的事：知道为什么那么多的夫妻在床上吵架吗？往往就是他（她）的性爱气象阴天时，对方却一定要强迫另一方。所以，顺应天气做爱做的事情，如果今天一方不想，那么在雨天聊聊天也是好的，为什么一定要真刀实枪的性爱？

2. 每个人都有性爱最佳气象：《黄帝内经》说，男人在秋天喜欢伤秋，春天勃发。所以春天往往是男人性爱的最佳气象季，而秋天他容易伤感，渴望远行。对于女人来说同样如此。懂得男女一年之中四季的性气象，有利于你们按照性爱气象合理调配做爱。

五．放养的男人更健康

不自由，毋宁死，这是许多男人对于婚姻的恐惧。在他们看来，进入婚姻就是进入牢笼，从此雄狮犹如困兽，便失去了自由。

难道，自由与婚姻是一对永恒的矛盾，女人在给他自由和让他黏附于自己身边两者之间，真的无路可循吗？其实，只要一个女人调整好心态，和男人的自由和平相处，婚姻便长治久安。

1 老婆，今夜我晚点回家

他打完了电话，就将你晾在了漆黑的夜里。他的手机背景里，是类似酒吧的嘈杂声音。你火冒三丈，他一定是和那帮狐朋狗友一起潇洒去了。结婚多少年，他依然改不了单身时无拘无束的习性，看来你得好好修理一下他了。

晚上，他回家，嬉皮笑脸地凑上来，你冷若冰霜，严词拒绝。你开始痛陈他的不是，你要求他以后下班必须不得迟于十点钟到家。如果加班，一定要早请示等。他的脸色渐渐变冷，以沉默相抵抗。你更加恼怒，结果这个晚上，你们针锋相对。你要争取妻子的权利，他要争取他的自由，最后以他甩门而出，重新离家出走而告终。剩下你悲伤地坐在沙发上想：我难道有错吗？我只是希望他晚上早点回家，为什么他这么敏感呢？

解读他：他之所以对你的要求如此敏感，是因为在他看来，你干涉了他的自由。男人看重群居，因为一是他觉得那种结婚后只有"老婆孩子热炕头"的男人是窝囊废。二是他只有在群体中才不会失去被社会洪流抛弃的恐惧感。所以日本的男人即使下班后无所事事，也要去酒吧喝上两盅，证明自己很忙，像个事业成功的男人。

也许，你换一种语气来让他早回家，更让他容易接受。比如"我晚上一个人在家很害怕，希望你尽可能早点回来"等。那种严词训斥式的命令会让他想起小学时总想反抗的女政治老师。记住，他长大了，但心灵里依然像个青春期叛逆的孩子。

2 这一切还不都是为了爱你吗?

这是许多女人的口头禅。

公司里的年终奖金发少了，你帮他打电话到老板那里交涉，让他感觉自己很没有面子；他遇到了一位多年没见的老同学，在酒桌上推杯换盏，你一把夺过他的酒杯，不让他喝，全然不顾他尴尬的神情。

他抗议，觉得你干涉了他的私生活，你也很委屈，你这样做完全是因为爱他，他怎么反倒一片好心当了"驴肝肺"？

解读他：真正的爱到底是什么？大多数女人会觉得，爱就是一种彻底的融合，夫妻之间不应该存在边界之分。所以，越俎代庖，他的事情就是我的事情。然而，每一个人都有一个自我的心理边界，这是他需要小心维护的，进入了，他就感觉自我受到了侵犯。

所以，真正的爱，就是建立在尊重每个人具有自我心理边界的基础上。为什么男人比起女人更容易在婚姻中建立这种心理边界？专家们认为，首先女人比起男人，更容易把婚姻视为自己的全部。其次是女人一旦委身于一个男人，常常容易放弃自我，但男人即使在爱情中，也更容易坚持自我。

要让他感觉到你不是借着爱的名义干涉他的自由，那么首先要认清哪些是他的自我边界，其次是在进入这种边界时，选择合适的说话方式。比如在他坚持喝酒时，说一句“我担心你的身体会喝坏了”，比起粗暴地夺去酒杯更温暖他。在这一点上，夫妻沟通的语言艺术显得尤为重要。

3 老公，别人都有房有车了

他是热爱诗歌的艺术家，你却一心希望他去经商赚大钱，理由这是一个一切向钱看的时代；他想做公益分子，放弃白领工作，去关心艾滋病儿童，在你看来，这纯粹是他脑子里进水了。

去参加了一次同学聚会，看着老同学们的奔驰宝马，你再也不满足于他政府机关的科员身份，让他明天就办停薪留职，去表叔开的公司做外贸。你的说法是：这都是为他好，他是一个男人，男人就得腰缠万贯。

他其实很满意现在散淡的生活，于是，你们没有少为是否改变他现在的生活方式发生矛盾。他觉得你在设计他的未来，让他没有选择的自由，你觉得这一切都是为了他好，否则，他像个总喜欢做白日梦的大男孩。

解读他：俄国十二月革命党人的妻子，当她们的丈夫执意离开家去闹革命时，她们知道自己一定拦阻不了他，所以最好的办法就是默默地陪伴着他。为此，她们最终赢得了令世人称颂的爱情。

一项针对IT高层诸如原新浪网的汪岩，原微软的李开复等人频繁离职的心理分析中，专家们认为，这是中年男人寻找自我的表现。他要沿着他的方向生长而不顾你的拦阻，因为在大多数男人看来：爱情诚可贵，事业价更高。多年的文化告诉他，一个男人必须先有一番惊天动地之业才能谈儿女情长。不管他是总统还是贾府看门的焦大，在他看来，首先要按照他内心的意愿生长。一个聪明的女人，在这种情况下，只有默默地陪伴着他。因为要么你选择和你价值观一样的人，要么留给你的，就是和他漫无止境的争吵。

4 他是我的儿子

他喜欢休闲装，但你觉得他应该穿商务装，这样更像个事业有成的男人；他坐在沙发上的姿势不好看，你看他那种大爷式的派头就气不打一处来；他包饺子时喜欢包成三角式，你数落他能不能按照你们家乡的风俗包成菱角式？

你没有注意到在你无所不在的包办下，他越来越有些无所适从。有一天他终于爆发了，那是在你希望他将皮鞋擦一擦再出门时，他忍不住了，他说：够了，我不想找一个老妈子过日子，你有完没完？

你惊愕，继而是伤心，失望。你做这一切完全是为了他好，怎么他的反应就这么激烈？难道你干涉他的生活了吗？

解读他：男人从出生起，往往是一手被包办的孩子。在幼儿园里，他听着老师的数落声长大；在家庭里，他听着母亲的数落声长大。男人对于依赖女人生活，有一种爱恨交织的矛盾心理：一方面，他从中得到舒适的好处，另一方面，他又觉得女人容易借此控制他，让他变成类似退化的蚕宝宝，最后离开她一天便活不下去。所以他恐慌于自我的丧失，怕因此失去了自由。

一个聪明的女人，绝不让老公变成自己衣食包办的孩子。因为像母亲一样地让孩子丧失生活能力，表面上是母亲可以控制孩子的表现，但实际上孩子总在反抗。聪明的女人知道，即使现今的男人越来越像被宠坏的大男孩，但真爱一个人，就得让他获得独立生活的能力。有报道说，一个男人在妻子无微不至的罩护下，却突然爱上了一个要依赖他的林妹妹式的小姑娘，因为按他的说法是，从对方的依赖中，他感到自己重获了自由。

5 我要圈养他

要好的闺密将拳头捏得紧紧的，以一种过来人的经验对你说：男人，一定要圈养。

但她将男人圈养的结果是什么？你目睹过她的男人，曾经意气风发，英俊潇洒，如今闺密出外，他如跟班的宠物一样，言听计从，沉默不语，毫无生气。据闺密炫耀，这是她“一哭、二闹、三上吊”后的结果，以前她的男人可不像今天这样听话。经常反抗她的种种安排，后来在她一次又一次斗争后，男人才越来越听话了。

你也想像闺密一样，将你的男人圈养起来，可你突然悲哀地想，如果有一天你的男人也像闺密的老公一样，服帖倒是服帖了，但是风采尽失，这样的男人，宁愿不要也罢。

男人，是不是放养更有利于他的健康？

解读他：男人是一种喜欢被放养的动物。这种原始的基因其实存在许久，我们可以想象，在原始社会，当一个男人跃马扬鞭在广阔的草原上时，女人才会被他身上流露的豪迈的雄性气息所倾倒。而圈养男人的结果呢？势必让他委靡不振，那些写字楼里苍白，精致而脆弱的男人，不正说明了这一点吗？

明白了这些，女人不妨放养男人。因为只有放养他，才能恢复他身上的勃勃生机，才能让他更具有男子气，更像个健康的男人。

6 他居然要一个人远行

某一天，他对你说，老婆，我想一个人出外远行一段时间。你撒娇着非要和他一起去，他拒绝了你。

或者，某一天晚上，他下班回家，静默。任凭你追问，他不但拒绝回答，甚至有点烦你干涉了他的自由。

你很不解，他到底是怎么了？怎么可以旅行不带上你？怎么可以一个人独处时，你好心地想探知他，他却觉得你是剥夺了他的自由？

解读他：男人都有洞穴情结，即使结婚了，不影响他有时渴望一个人独处，感受自我的心灵需要。特别是人近中年的男人，越发渴望寻找自我。这时候，他的渴望独处和婚姻无关，只是源于他心灵的需要。但许多女人常常觉得，为什么他不需要我的帮助？难道他不爱了我吗？

他不是不爱你，只是你的“好心”在他看来，确实干扰了他自由成长的空间。与其执著地要和他一起去天涯，不妨给他一段自由的假期，然后让他上路。当他处理好了他的心灵问题，依然会回到你的身边。

7 查看手机短信

用他的话说是“你现在变成了优雅的克格勃”。他的手机短信每天你要过目，他的 QQ 密码，你恨不得破译，搜索一些暧昧的证据。他回来的衣服上，有没有香水味？他这几天怎么突然喜欢打扮了，是不是有情况了？

男人对于老婆的这种表现也有一种爱恨交织的心理。适当地管束是甜蜜的，他可以用来夸耀这是老婆疼自己的表现，但过度管束，他就不胜其烦了。

所以，有一天，当你执意要查看他的手机短信时，你们的矛盾大爆发了。他说和你在一起，连人际交往自由也没有？你说这是他起码的义务和责任，如果他心里没鬼，怎么就不能给你看看短信内容？

解读他：他的短信里，可能确实没有什么，他其实在乎的是你的过度干涉，让他感觉失去了自由。他和你的拉锯战，目的或许并不是躲避暧昧被发现，他争取的是自己的自由。

越是内心缺乏安全感的人，越容易在乎配偶的一举一动是否在自己视线内。于是，要控制。但男人对于控制有一种天生的抵触，越是控制，越是要反抗。好多外遇的发生起初是莫须有的，但老婆控制紧了，男人对于外遇，倒真产生了一种蠢蠢欲动的心理，将莫须有做成了真事。

改变这种状况，其实还是要克服内心的不安全感。婚姻中的信任是重要的。制服他的渴望自由的心，不妨以其人之道还治其人之身，给以自由。当一个人得到自由了，反倒像鱼儿放回了大海，又渴望回岸的时候。

六．小心，这些性雷区不要碰

知道你们的性生活中有雷区吗？

知道哪些雷区不能随便碰触，它可能因此影响你们的性爱吗？

了解男女之间不能碰触的禁忌，在性爱之前，请做一个为性爱锦上添花的人，而不是大煞风景的人。

1 性爱雷区之男人警戒篇

不懂得性穿着

“相信吗？有些男人上床前，穿的内裤让我大倒胃口。”这是一次性心情工作坊时，一位女士的抱怨。她是说那位男士穿的内裤像人妖，让她不但不觉得性感，而且很不符合性爱穿着礼仪。

男人们都懂得出席社交场合时，懂得穿戴得体，为什么他们就不懂得在性爱中穿戴得体呢？

不懂得个人卫生

某位跨国婚姻的女友对其外国男友称颂有加，因为她的外国男友每次上床前，都会精心地修剪体毛、撒上香水等，总之，他一定把自己弄得浑身一尘不染般。可是在她看来，很多中国男人在此方面就并不讲究了。有一次，她正和性伴侣亲吻，突然遇见一位乌龙一口气十足，让她恨不得立刻逃之夭夭。

性爱完事立刻倒头大睡

在一项女人最不喜欢的男人床上的性表现中，“性爱完后倒头就睡，名列十大之一。”之所以如此，因为在女人看来这是一个男人自私的表现。女人完事后，往往还喜欢男人说一些情话，抚慰身心。尽管在男人看来，那个时刻真是排山倒海般的困。

所以，如果真的想睡，至少对她说一声：“宝贝，我很困，我们明天再聊好不好？”或者把手臂给她，而不是立刻翻身过去，让她觉得受到冷落。

只顾自己的快乐

患难见真情，高潮时候见床德。假如你快了，她的高潮还在遥远的地平线，那么等一等她。“自顾自乐”被女人视为男人缺乏床德的十大榜首。“天杀的。那种时候怎么可能还等一等，那种时候，天崩地裂也挡不住我。”一位男士抱怨说。可是不要忘了，和谐的性爱如同和谐的婚姻一样，本来就是你退一步，我让一分的互相体谅。

学会控制自己的意念，学会延缓高潮，学会观察她的反应等，那样才能够让你和她同步高潮。

男人应该遵守的七条性爱禁忌

1. 不要随地乱扔安全套，还包括乱扔卫生纸等，即使在性爱完后，懂得及时清理遗留物。

2. 不要声音污染，即使激情忘乎所以，也不要影响到邻居敲墙，记住，隔墙有耳。如果实在很想叫，那么请打开电视。

3. 她对你说，“亲爱的，今夜我不想做。”那么就不要勉强她，记住，婚内强暴也是犯罪的一种。

4. 为什么一定要追问她以前有多少性经历？为什么一定要比较你和她的前男友的床上功夫？如果要了解，至少不要在床上趁火打劫。

5. 如果不懂幽默，请不要随便调侃女人的身材，“你像个小象腿”——这句话说完，很可能下次你再也见不到她了。

6. 如果状态不佳，那就直接说抱歉，或者改天再做，最糟糕的是一边勉为其难地上阵，一边突然说：“亲爱的，现在几点了？”

7. 不要为了快感不采取任何安全措施，理由是只要男人快感滔天，哪管女人后患无穷？

2 性爱雷区之女性警戒篇

你一心二用，心不在焉

性生活过程中，有些话是不能随便说的。否则，不但破坏“性”趣，而且会伤害到对方的心情。32 岁的王家兴说他和老婆合开了一家服装专卖店，每天忙得昏天黑地。有一次，他们好不容易盼来了一个周末，两个人好不容易热情高涨地进入状态时，妻子的目光突然越过他的肩膀，像想起什么事一样地说：“老公，今天商店里的现款都保存好了没有？”

王家兴说自己当时觉得特别扫兴，好不容易酝酿的情绪差点中途放弃了，最后只好草草收兵。

你不懂得个人卫生

好多人觉得夫妻结婚多年，天天厮守在一张床上，过性生活时，还用得着精心装饰自己吗？郁闷的小雅丈夫说：“我最不愿意看见妻子外表不整齐的样子。有一天早上，她起床后，天啊，怎么说呢？她的眼角尽是不雅的东西，嘴里的空气也不清新，我事后觉得很不舒服。”其实，不管男人女人，都渴望每天的性拥有新鲜体验。也许，注意自己百变的形象是你寻找激情性爱的第一步。

你故意设置千重迷宫

假如这一天，你很想和他亲密接触，是直接告诉他“我想和你那个”，还是千回百转，设置重重迷宫式的语言，最后依然让丈夫云里雾里呢？实践表明，那种过于直接或者含蓄的方式都不可取。当你想和他行云雨之欢时，肢体语言是最好的表达方式。夫妻之间是存在默契的，你的一个动作、一个眼神足以传达你对他的渴慕。

你不注意拉上窗帘

千万不要因为兴奋得忘乎所以，没有将窗帘拉上。英国法律规定，如果一对夫妻在自家的阳台上做爱被邻居看见，邻居有权控告其违反法律。也许，违反法律事小，重要的是你事后会心存芥蒂，会感到后怕。阿娟说有一次她和丈夫去海边的一家酒店度周末。也许是刚从海里冲浪回来，他们都很兴奋，激情地做完后，才发现窗帘都没有来得及拉上，而对面的阳台上，有几个人正坐着喝茶聊天。她想，天啦，如果被他们看见，岂不是一场免费的“三级片秀”？

你注意防止孩子看见吗?

很多人觉得，做父母的在家里做爱，完全不必防止不足三四岁的孩子看到。事实是否如此呢？专家们经过调查认为，父母的性行为如果被孩子看到，会对孩子的心理造成潜在的刺激和影响。做妈妈的伍萧就谈到，有一次，她和丈夫在过性生活时，不小心忘记了关紧房门，当时她们以为四岁的女儿已经睡熟了，谁知道他们激战正酣时，女儿揉着眼睛走进来，喊着要尿尿。看见他们在床上的情形，她好奇地问：“妈妈，你和爸爸在干吗？”搞得他们当时尴尬不已。事后她一直紧张地怀疑这样会不会对孩子造成负面影响?

女人应该遵守的七条性爱禁忌

1. 性爱时，不小心放屁了。放屁是小事，主要是支撑性爱的那种神秘气氛荡然无存。改变这一点，当然不是让女人上床前天天清洗肠胃，而是有一天即使不小心失控，不妨冷却一段时间见面。

2. 让他看见了你的生产过程，很多权威的性心理医生认为，当做丈夫的一旦目睹了妻子生产时的私处，他可能会觉得她像一头生产时的母牛。曾经对妻子性器官众多美好的联想，因为聚光灯下的一览无遗，而让他觉得丑陋。

3. 他看见了你的附带物，比如你不小心没有刷牙就和丈夫上床了。

4. 真的让他给你洗内裤吗？自己的内裤最好自己洗吧。因为洗内裤不一定是爱的表示，很可能影响到他的性心理，比如对于私处的所谓不洁物的目睹，比如对于私密处的联想等。让他给你洗内裤，他的性冲动往往也消失了。

5. 不要以为失控的叫床声可以让男人一定特别喜欢，因为，那样容易让他联想到一头发情的母牛。

6. 有妇科病了，不要让他发扬人道主义精神当护工。渡边淳一在自己的著作《男人这东西》中举例说某个男人因为一次性生活时不小心看见妻子后背的一根头发，从此对妻子“性”趣索然。那些诸如连妇科病也一定要让丈夫发扬人道主义精神的思想，在情感上固然无可非议，但对性却是一种消极影响和打击。

7. 上床时还惦记着家务。一位丈夫向我抱怨说，有一天晚上，他早已经准备好了，热情似火地声声呼唤还在厨房里忙碌的妻子，妻子倒是被呼唤来了，可是一看她的阵势，丈夫的热情立刻无影无踪：她围裙也没有解下来，手里还拿着做饭用的锅铲。

七．就这样把他征服

——18位女性讲述的最完美性爱体验

在美国电影《倾听女人心》中，男主人公因为借助一种神奇的魔力，对女人的情欲了如指掌，所以在性生活上，懂得女人的需要，而成为一个好男人。

生活中，有多少男人懂得女人的真正需要呢？又有多少女人可以分享别人的完美经验呢？我们随机调查了18位女性，听一听她们的自述，或许能让你有所启发。

赵美萍讲述：用汽车性将他套牢

我的丈夫是一位“追车族”，有一天晚上，他接我下班，我们在深夜灯光如水的街道上兜风时，丈夫突然忍不住腾出一只手去抚摸我。我半遮半掩，赶紧去推丈夫的手，嘴里说：“小心撞到电线杆”，谁知我的欲擒故纵更进一步刺激得丈夫欲火焚烧，车子因为他的分心，真的晃荡了一下时，吓得我失声尖叫，幸亏丈夫及时打好方向盘，车子才重又稳稳当当地驶起来。

我们就这样边开车边调情，那种感觉实在刺激得丈夫欲罢不能，有点像在玩成龙主演的惊险片一样，越是担心撞车和我越是尖叫，便越让他想有进一步的举动，结果，后来我们实在忍不住了，便将车子开到一处人烟稀少的树林里，在那里，丈夫和我有了一次难忘的性爱。

AMY讲述：阳台上的销魂之夜

有一次，我洗完澡后，穿着一件薄如蝉翼的连衣裙在阳台上乘凉。丈夫洗完澡后，去阳台找我。后来用他的话说是：他看见夏夜的晚风将我的裙摆轻轻掀起，露出我洁白性感的大腿，轮廓分明的身材，他一下子感到呼吸都要停止了。他怔怔地站在那里，似乎从来没有发现我还有如此诱人的美丽，当时头顶上的月光水一样地泄下来，轻轻笼罩在我的身上，使我看起来就像仙女下凡一样。

他当时就忍不住地冲上前去将我抱住，并且非常冲动地抚摸我。我起初还阻止他进一步的举动，并且吓唬他说，对面楼顶上的窗户里可能有人正在偷看。他一听，更加欲罢不能了，他说，他们想看就让他们看吧！反正在自家的阳台上做，又不犯法，管他呢！

我挣扎了一会儿，也就依了。那是我们结婚以来，让我最富于激情最难忘的一次性生活。它留下的美好印象甚至超过了我们的新婚之夜。记得那时，晚风一阵阵地凉爽地吹来，因为老是担心被人看见，所以就更加刺激得欲望高涨。在最销魂的一刻，我觉得和丈夫都有一种羽化成仙，要到月宫里做嫦娥的感觉。

BABY 讲述：海滩上的浪漫时刻

那是一次非常令我难忘的旅行，当时远处有海鸟拍打着浪花，贴着海面飞过。夏天的海风清爽而又宜人，我和丈夫在海水里追逐着，当我藏在岩石后，看见他着急地四处寻找我时，那一刻，我被丈夫迷人的性感的身材迷住了。他只穿一条短裤，身上水珠滚落，头发湿漉漉地搭在额头上，像刚淋浴一样。特别是他阳刚、伟岸的身材，健壮的肌肉在阳光下闪着古铜色的光，我觉得他简直就是我少女时期某一次梦中渴望的白马王子。

丈夫找到我，看到我盯住他的火辣辣的目光，再看看自己的身材，当然什么都明白了。他一脸坏笑地抱住我，贴在我耳边说："想要吗？就现在！"

我故意嗔怒地捶击着他发达的胸脯，说："你坏，你坏"时，丈夫早已经将嘴唇堵在了我的嘴唇上，结果很快我便有些身不由己了。

那是在一群巨大岩石的中间吧！海沙温软而又凉爽，听着远处海浪汹涌的声音，再加上丈夫喃喃的细语，我觉得这一生我大概都不会忘记那一次美好的感受。

吴娟讲述：告诉他很棒

我曾经认为自己和丈夫的性有障碍，他总是急匆匆地上床，急匆匆地开始，然后又急匆匆地结束。他对我最大的关心是一切结束后，他会很渴望地问我，你快乐吗？虽然，那时的我是不快乐的，所有的感受刚刚被唤起，却被扔在了半路上。但那时我爱他，我只能假装快乐的样子，然而内心里我非常失落，黯然神伤，我在怀疑自己是否真的有问题？

直到遇到后来的丈夫，当我们第一次发生性关系时，他耐心地观察着我的反应，然后根据我的反应，不断调整姿势和角度。他是那样的温柔，当我终于快乐地叫出声来时，我哭了。我告诉他，他是我遇到的所有男人中最棒的。丈夫大概被这句话刺激得更加情绪高涨，他说他还想要我。

刘星讲述：主动探索新方式

我和丈夫是两个在性生活中绝对保守的人，我们总是用男上女下的姿势。有一次，我看了一本书，说如果女上男下，可以让女性更容易找到主导权，更容易控制性生活的节奏等。当时我特别想试一试，但我有些顾虑，担心自己主动提出要求，会不会让丈夫很难接受？甚至觉得我有非分之想？但那一次，我实在忍不住了，暗示他希望我在上面，没想到丈夫很兴奋，极力地配合我，结果那天，我找到了一种最适合刺激自己的方式，我快乐极了。事后，我和丈夫进行了探讨，他也觉得很快乐，他说他其实一直盼望我能在性生活中主动并且富有创意，那种新鲜的成就感让我们喜出望外。

安尔讲述：抓住激情的机会

那是我们最激烈的一次吵架吧，当时屋外下着瓢泼大雨，我们互相指责对方的不是，最后当我说出“我们离婚吧”而丈夫也甩出一句“离就离”的话后，我伤心地摔门而出。在大雨中丈夫追上来，我们在雨中抱头痛哭，然后，疾风骤雨般，两个人很快到了床上进行一场疯狂的性爱，仿佛是一种受伤后的索取，是一种激情的迸发，是一种孤独的相依为命，是一种爱的永不分离。我们狂烈而又毫无条件地彼此奉献和接纳，那个夜晚的激情让我们和好如初，并且明白谁也离不开谁了。

飞雪无痕讲述：让他明白我的需要

我最快乐的一次是丈夫问我的 G 点在哪里时，那天他看了一本书，说是寻找女人的 G 点。他回来傻傻地问我，并且很紧张地自责是否以前做得不够好？我知道他是因为爱我才这样，我说那你就到实践中来寻找吧，结果那天，他像一个好奇的寻宝的孩子一样，特别迷恋我的身体。

安妮讲述：适时地运用吃醋的妙处

你试过吃醋的妙用吗？有一次，丈夫碰到以前的相好，回家闷闷不乐的，我故意醋性大发。好像为了证明自己确是心无杂念，对我忠心耿耿，那天晚上，丈夫在床上表现得绵密细致，我像个女皇一样，也许所有的女人内心都会有点统治欲望吧。

艾美讲述：利用生日的浓情氛围

比较美好的一次是过生日那天，丈夫为我举行了烛光晚宴后，现在想来，主要是那天我被幸福和感动包围着，才会带着如此放松和奉献的心情去体验吧。我愿意为丈夫全心全意地付出时，他自然也感觉到了，所以那天，他表现得特别激情。

小路讲述：小别胜新婚

单位派我去欧洲出差一个月，走在异国的大街上，我才感觉到家对我有多么重要，丈夫在我生命中的位置。工作结束后，我便一天也不想停留地就飞回来了，丈夫去机场接我，他刮了胡须，简直帅呆了。刚回到家，我们就将孩子打发出去玩，两个人迫切地想融进对方的身体，所谓的“小别胜新婚”，也许说的就是这种感觉吧。

韦新讲述：神秘的高原体验

我有过一次出轨的体验，那是在我和丈夫的感情最危机的时候，我独自去西藏旅游散心，遇到了一位同样在西藏探险的英国男孩。那几天，我们结伴而行，变得特别亲热，后来在分手的前夜，他主动走到我的房间，问可不可以留下？就像《廊桥遗梦》一样，我渴望那种短暂的激情，他是个技巧特别成熟的男人，也许是那种置身在神秘高原上的孤独感，也许是想彻底地放纵，总之，那夜我获得了一次极为美妙的体验。

MEIMEI 讲述：一场游戏一场性

很久以来，丈夫在我眼中一直是个刻板的人，他是单位里的领导，回到家也不苟言笑。很长时间以来，我都认命了，觉得他也许就是个冷峻的男人。但有一年万圣节之夜，我让他打扮成阿拉伯的王子，全身高披铁甲，手拿长矛，再满屋子擒拿我上床。我扮成淑女，楚楚可怜而又心甘情愿地成为他温柔的俘虏。

风满楼讲述：回忆那些纯情时光

我和丈夫的性一直非常和谐，唯一让我美中不足的是，每次完事后，丈夫要么倒头呼呼大睡，要么去浴室冲洗自己，仿若恨不得立刻让我从他眼前消失一样。虽然这时候我也很累，但是特别希望他能陪着我说说话，就是那一次，在一次美好的性爱后，我让丈夫搂着我回忆起初恋时的点点滴滴，那种感觉真的很好：放松、温馨、柔软，好像漂浮在一艘宁静的小船上，两个人彼此相依。

百合讲述：尝试角色颠倒

你玩过角色颠倒的游戏吗？那一次，丈夫穿着我的花裙子，围着花围巾，活脱脱一个大闺女。我呢，穿上了警察制服，英武帅气，整个过程中，我扮演男性角色，慢慢地去挑逗丈夫，丈夫则羞羞答答，变成了一个 18 世纪的淑女。你永远无法想象我那天有多么快乐。

小月讲述：导演一场行为艺术

标题：一场性的行为艺术品

主演：丈夫，老婆

地点：卧室

时间：周末晚上十点

游戏过程：大幕拉开，丈夫扮演军统特务上场，我是一位富小姐，但心向光明，特务在追捕我的过程中，渐渐被我所吸引，最后因为他弃暗投明，爱上了我。最后的高潮和目的地：床上。

不管你信不信，反正那一次，我试着这样做，感觉好极了。

飘然讲述：浴室里的新生活

要问我最完美的一次，大概发生在我们刚搬入新家的那天吧。在此之前，因为房子很小，我们总是担心隔墙有耳，然而那天，看着一百多平方米的大房子宽敞整洁明亮，想着以后美好的新生活，我和丈夫不禁激情相拥，特别是在那间安装有法国冲浪浴缸的浴室里，我们用一场热烈的美好的性作为仪式，庆祝新生活的开始。

文洁茹讲述：写性爱日记

那天，丈夫不小心翻到了我的性爱日记，我是故意放在床上让他看的。事后，丈夫说，当他看了我的日记后，看到我在上面写了我们亲热时的情景，看得他脸红心跳，他没想到自己在我心目中这样能干。所以那天晚上，当我下班回来，推开门，我首先看到的就是他一身性感打扮的要搂我进他的怀里……

心心讲述：我想看着你的眼睛

以前，我们过性生活时，好像总是做见不得人的事情一样，喜欢在黑灯瞎火中进行。但有一次，我回家无意中撞见丈夫在浴室淋浴。我没想到他的身材那么美。那天晚上，我对丈夫说，我想开着灯，看看你的身体。他刚开始有点不好意思，但后来我的目光鼓励了他，他表现得特别疯狂而热烈。

点评：找寻性爱的完美出路

通过以上调查，我们可以发现，那些激动人心的性爱在我们的生活中比比皆是，只是需要你去做一个有心人。它们的特点如下：

★ 对于女人来说，她们重视性行为的心理感受。重庆两位自由艺术家调查公厕涂鸦后发现，男人们特别重视生理上的性快感，而女人们更重视情感上的需求是否得到满足。因此，女性的完美性爱必须渗透了很多的情感因素，有很多的温柔、被爱、体贴等。

★ 一成不变的性爱模式容易让性爱走入枯燥，因此，富有创意的性活动方式，容易给人刺激感，更符合天性；那些让人惊喜的性感受，都是在意想不到的情况下发生的。

★ 必要的技巧的运用。对于相爱的人来说，技巧可以增进性愉悦度。比如，最合适的体位、最好的刺激角度等。

★ 夫妻之间应该时时抓住一些具体的情境。切忌将亲热做成周末功课，有时候，随兴而发的冲动更符合性的本质，也是最让人难忘的。